U0691185

"文化润校"工程组委会

主　任：林　枫　丁　钢

副主任：王桂龙　李大洪　张永刚

成　员：朱洪春　蒋　洁　唐红雨

　　　　吴建强　戴　宁　魏胜宏

　　　　孙红梅　周文华　夏川生

《文化润校：专业文化塑校园》
编　委　会

主　编：丁　钢　张永刚

编　委：（以姓氏拼音排序）

　　　　蔡晓云　曹　屹　刘　想　邱小樱　王　辉　王　娟

　　　　王俊彦　谢　菲　徐晓明　杨真理　张飞霞　张　燕

　　　　朱雪峰

文化润校
专业文化塑校园

主编 丁钢 张永刚

江苏省「十四五」高等教育科学研究规划课题重大攻关项目（ZDGG08）
江苏省2021年高等教育教改研究项目（2021JSJG610）

江苏大学出版社

镇江

图书在版编目(CIP)数据

文化润校：专业文化塑校园 / 丁钢，张永刚主编
. — 镇江：江苏大学出版社，2021.9
ISBN 978-7-5684-1668-9

Ⅰ. ①文… Ⅱ. ①丁… ②张… Ⅲ. ①高等学校－学
科建设－研究－中国 Ⅳ. ①G642.3

中国版本图书馆 CIP 数据核字(2021)第 179487 号

文化润校：专业文化塑校园
Wenhua Run Xiao：Zhuanye Wenhua Su Xiaoyuan

主　　编/丁　钢　张永刚
责任编辑/仲　蕙
出版发行/江苏大学出版社
地　　址/江苏省镇江市梦溪园巷 30 号(邮编：212003)
电　　话/0511-84446464(传真)
网　　址/http：//press.ujs.edu.cn
排　　版/镇江市江东印刷有限责任公司
印　　刷/镇江文苑制版印刷有限责任公司
开　　本/718 mm×1 000 mm　1/16
印　　张/11.5
字　　数/192 千字
版　　次/2021 年 9 月第 1 版
印　　次/2021 年 9 月第 1 次印刷
书　　号/ISBN 978-7-5684-1668-9
定　　价/48.00 元

如有印装质量问题请与本社营销部联系(电话：0511-84440882)

让 "文化润校" 铸就百年名校的文化自信

（丛书序）

　　"求木之长者，必固其根本；欲流之远者，必浚其泉源"，要想让树木长得高大，一定要稳固它的根基；要想使河水流得长远，一定要疏通它的源头。文化不仅是一个国家、一个民族的灵魂，也以同样的价值存在于大学校园中，是大学赖以维系和传承的风骨和血脉。大学校园是做大学问的地方，千百年来，我们的圣哲先贤要求做大学问的人恪守"大学之道，在明明德，在亲民，在止于至善"的千古名训，在一代代的文化传承中，共同铸就中华民族灿烂辉煌的文明。

　　镇江高等专科学校是坐落于国家历史文化名城江苏镇江的一所综合性普通高校，是教育部人才培养工作水平评估优秀学校、江苏省新一轮高职院校人才培养工作评估优秀学校，办学渊源可以追溯到我国职业教育先行者、著名国画大师、教育家吕凤子先生于1912年创办的正则女校，距今已有百余年办学历史，在长期的发展过程中，不断凝练形成了"崇爱尚美"的校园文化。

　　作为中国现代职业教育的重要发轫者和先驱，吕凤子先生极具传奇色彩和人文艺术魅力，先生不仅三办正则学校，还担任过国立艺专校长，培养了一批著名的艺术家，被誉为"培养大师的大师"。先生在办学育人过程中，始终倡导"爱无涯、美无极"的教育理念，认为"爱与美"要落实到教育管理各环节，强调"爱己爱异""尊异成异"，致力于"爱育兼美育"的实施，促进学生"谐和"发展，夯实了"崇爱尚美"文化育人思想的理论基石。

历经百年传承，"崇爱尚美"的校园文化先后经历了三个时期，即探索积淀期（1912—1982年），是"爱与美"教育思想的积淀、探索和萌芽阶段；融合形成期（1983—2007年），是"崇爱尚美"文化体系的形成及与现代职教精神的融合发展阶段；提升实践期（2008—2020年），是"崇爱尚美"文化育人思想实践及影响力提升的阶段。由最初的"爱与美"到"崇爱尚美"，深刻诠释了学校对吕凤子先生"唯生无尽兮爱无涯"的"爱育兼美育"的职业教育文化育人实践。

进入新时期以来，学校高度重视校园文化建设，将吕凤子先生"艺术制作止于美，人生制作止于善。人生制作即艺术制作，即善即美，异名同指也"的职业教育育人指导思想和"崇爱尚美"的职业教育文化育人实践融入"文化润校"工程，贯穿教学管理的各个环节，形成了全员、全过程、全方位育人的文化育人模式，全校上下兴起了"以文化人、以文育人"的新风尚。学校文化育人特色品牌荣获教育部高校文化建设优秀成果奖。

为了较为全面地展示"文化润校"工程在专业建设、文化育人、文化兴校等方面所取得的实绩，学校成立"文化润校"工程组委会，组织校内行政、教学、教辅等人员精心编写了这套"文化润校"丛书，包括《名篇经典诵校园》《中国精神沐校园》《正则文化浸校园》《专业文化塑校园》《特色文化靓校园》。在编写过程中，由于参编人员众多，水平不尽相同，所以难免存在不尽如人意的地方，可能无法充分反映"文化润校"工程的建设成果，但我们还是要感谢每一位参编者，他们对校园文化的热爱让我们深深感怀。感谢每一位为丛书编写、出版付出努力的人，更由衷怀念学校的创始人吕凤子先生。

"潮平两岸阔，风正一帆悬。"1300多年前，唐代诗人王湾路过镇江北固山，写下了著名的《次北固山下》，留下了妇孺皆知的千古佳句。此刻，我们正怀着这样的心境，希望能够以弄潮儿的姿态，在新时代高等教育高质量发展的大潮中，绘就百年名校文化自信的辉煌底色。

林枫　丁钢

2021 年 8 月

前　言

　　"专业"一词在今天的高等教育中，一般指所设立的学业门类。自从有了教育活动，学业门类也就产生了。《尚书·舜典》中有这样一段记载："帝曰：'夔！命汝典乐，教胄子，直而温，宽而栗，刚而无虐，简而无傲。诗言志，歌永言，声依永，律和声。八音克谐，无相夺伦，神人以和。'"由这段话可以看出，当时帝舜命夔教授贵族子弟音乐，培养贵族子弟的优秀品格，以达到育人的目的。这说明最早的专门化教育可能是从音乐教育开始的，不过仅限于音乐教育，直到西周时期才有了"礼、乐、射、御、书、数"等学业门类，人们称之为"六艺"，"六艺"实际成为西周教育内容的总称。至孔子开创较大规模的私学，其"弟子三千人，身通六艺者七十二人"，被誉为私学的开山鼻祖。在教学内容上，孔子以"六经"，即《诗》《书》《礼》《易》《乐》《春秋》为教学内容，宣传儒家"仁"的思想，以实现"克己复礼"的社会功效和教化作用。但此时，"专业"这一专有名词仍未产生。"专业"一词最早出现在《后汉书》中："今着儒年逾六十，去离本土，营求粮资，不得专业。"这句话里的"专业"指的就是学业门类。

　　从最初单一的学科分类，到"专业"一词的出现，中间经历了千年的演变，不断积淀着"专业"的文化内涵。时至今日，"专业"已是人尽皆知的专有名词，大学开设的"专业"不可谓不多，社会有各行各业，大学就会衍生出与之呼应的众多"专业"。大学生在接受专业知识教育的同时，也受到专业内在文化的影响，如专业的发展史、专业的属性、专业的价值等。专业文化是专业教育的重要内容，同样需要大学生去了解，而且是必须要了解的，因为专业连通职业，经过专业的教育，才能更好地从事职业。

镇江高等专科学校是一所综合性普通高校，专业门类较齐全，学校在专业发展过程中不断积累、拓展。在学校现有招生专业中，有3个中央财政支持的提升专业服务产业发展能力重点专业、3个江苏省"十二五"重点专业（群）、3个江苏省高水平骨干专业、2个江苏省品牌特色专业、2个江苏省高水平专业群，它们是学校不同时期的专业发展成就，并成为引领学校发展的"专业之王"。与此同时，学校顺应时代发展，不断开设新兴专业，展现出生机勃勃的发展活力，前景可期。

在本书的编写过程中，我们在介绍优势品牌专业的同时，也把新兴专业推介给青年学生，让他们在了解专业的学科属性时能更深入地理解专业的文化属性，从而对专业有更全面的认知，这有助于拓宽他们的专业成长空间。

衷心希望本书能对大学生的专业认知、职业定位和未来发展有所帮助，这也是我们编写本书的目的所在。

编　者

2021 年 7 月

目　录

文秘专业文化

专业背景

从事文秘工作的职业古今中外都普遍存在，并且历史非常悠久。在当代，科学技术和经济高速发展、信息体量急剧膨胀、社会竞争日趋激烈，衍生出了一门新兴的现代科学管理专业——文秘专业。作为一种全球性的职业，文秘工作越来越趋于现代化、科学化和专业化。它在辅助各级领导进行综合管理、树立企业形象、沟通内外关系、处理信息交流等方面发挥着越来越重要的作用。文秘专业已经成为 21 世纪中国经济发展十大需求专业之一。

镇江高等专科学校的文秘专业开设于 20 世纪 80 年代，学生就业面主要从镇江本市向江浙沪等地区的企事业单位扩展。随着改革开放步伐的加快，民营企业如雨后春笋般涌现。以 2011 年为例，在中国民企 500 强企业中，中东部地区的企业数量就达 376 家，其中，浙江、江苏两省分别为 142 家和 112 家，在 500 强企业中分别占 28.4% 和 22.4%。秘书作为直接为领导、主管或雇主提供辅助管理、综合服务，并以脑力劳动为主的工作人员，在迅速崛起的民营企业中炙手可热，尤其是东部发达地区的企业，对文秘专业人才的需求日益增加。2011 年，一篇名为《对江苏省民营企业秘书人才需求状况的调查与分析》的报告，对 100 家民营企业中设置的秘书岗位类型进行了分析，结果显示，领导专职秘书占 28.9%，文字秘书占 28.7%，办公室主任占 19.1%，行政秘书占 16.4%，机要秘书占 4.1%，董事会秘书占 1.4%，其他如事务秘书占 1.4%。在被调查的民营企业中，有 11.2% 的企业未来三年内没有招聘秘书的计划，有 55.5% 的企业表示未来三年内肯定会招收秘书，有 33.3% 的企业表示是否招聘秘书需要依照企业的发展情况决定；在被调查的 100 家民营企业中，约 85% 的企业表示未来三年内需要秘书，而只有约 15% 的企业表示不需要秘书。调查还发现，单位现有秘书并不都是毕业于文秘专业，秘书原所学专业较杂，如行政管理、文秘、汉语言文学、英语（或其他外语）、财务管理、法学。秘书的学历参差不齐，其中高职（大专）人员所占的比例最大（48.1%）。

21 世纪以来，随着信息化、网络化的高速发展，社会分工愈加细化，各领域、各行业管理工作中的决策活动和辅助性活动分离，这使得为领导决策及其实施提供服务的文秘人员在各个工作领域中的作用更加突显。根据法国职业资格研究中心（CEREQ）的统计数据，全世界160余种职业中秘书岗位需求量排在第六位。北京市于2018年第一季度公布的统计数据显示，北京市文秘岗位需求数排在第三位，岗位与应聘的人数比是5∶2。由此可见，在今后相当长的一段时间里，文秘仍将是个热门职业，社会需求量大。大多数公司认为文秘人员是经理、主管们的左膀右臂，是公司青睐的复合型人才。目前，文秘人员的就业单位性质发生了很大变化：国家机关、事业单位、全民所有制企业对文秘人员的需求量在逐步递减，而外资企业、民营企业对文秘人员的需求量在递增。大型企业分工较细，对文秘人员的需求量大，多以行政秘书为主，有专职文员、专职档案员、专职干事、专职机要员等；职责比较单一的中小型企业对文秘人员的需求量小，一般文秘人员实际上是一种综合秘书，也称为办公室文员，身兼多职。虽然中小型企业对文秘人员的需求量小，但中小型企业在数量上呈现增长的趋势，因此，总的来说，中小型企业对综合文秘人员的需求量是增长的。从事秘书职业的人员以女性居多，然而，值得注意的是，女性在初级、中级秘书中占绝大多数，而高级秘书则多为男性。从秘书的工作性质看，普通文员占30.8%，公务秘书占23.5%，商务秘书占20.3%，人事秘书占4.3%，私人秘书占7.5%，总裁助理占10.9%，其他占2.7%。现阶段文秘专业所对应的职业岗位群主要有综合秘书（办公室文员）、商务秘书、公务秘书和总裁助理等，每个职业岗位群所对应的就业岗位变化很大，不断有新兴岗位诞生，如通信秘书岗位就是在信息网络飞速发展下产生的。调研发现，大部分企业认为文秘人员应有专门的职业技能，要经过专门的培训。同时，社会对文秘人员的需求呈增长趋势，因此，秘书职业已成为一个影响越来越大、社会化愈加明显的职业领域。

专业精神

在《现代汉语词典》（第7版）中，"精神"有两种含义：其一是人的意识、思维活动和一般心理状态；其二是宗旨，主要的意义。这两种含义有着密切的内在关系：从宗旨的指向看，人们的意识、思维和心理有着强烈的趋同性；从哲学的高度看，精神来源于改造世界的社会实践活动，产生于人脑，被具象地呈现为观念、思想上的成果。

镇江高等专科学校文秘专业的精神是在数十年发展中形成的具有独特气质的精神文明成果。面对知识经济带来的机遇和挑战，建设文秘专业的精神，不仅是专业自身发展的需要，也是大学精神的一种呈现。

文秘专业的精神来源于实践，首先是科学的精神，这主要体现在以下两方面：① 专业设置必须科学。文秘专业的专业建设始终本着实事求是的原则，立足时代，面向社会。文秘专业负责人在学校领导的支持下，动员全体教师参与，以团体或分组的形式利用出差或专题调研，通过网络、电联等多种多样的渠道，全面考察本地区、本市、本省，甚至外省对文秘工作者的需求情况，及时调整招生计划，合理调整专业培养方案，从而取得了较好的成效。② 课程设置必须科学。在层次上，坚持高职高专办学定位，即文秘专业所需的知识够用，强化实际操作能力培养，精细专科层次的课程建设，主要强调实用性、有针对性。例如，将汉语言课程知识融入秘书实用口语；将管理学课程知识融入企业管理理论和实务；将档案学课程知识融入档案管理实务等。

其次是进取的精神。当遇到各种困难的时候，文秘人不屈服，不气馁，越是艰难越向前。从青年到中年再到老年，文秘教师在各个年龄段都有自身的困难，但他们克服自身的困难，承担繁重的教育、教学、科研任务，教书育人，钻研业务，利用团队的力量，在课程建设、教学方式等方面进行改革。从公文写作、秘书实务、文学文化、普通话等教材的编写，到班刊、文学社、大学生社区文化活动、县乡经贸活动调研等专题报告的发表，再到校级、市级乃至省级课题研究的开展……无不彰显着文秘专业建设的实绩。

21世纪头10年，文秘专业的招生形势突然变得严峻起来。镇江高等专科学校文秘专业的在校学生不到150人，在这"生死存亡"的关头，文秘人"咬定青山不放松"，一方面积极投身招生工作，想方设法"招兵买马"；另一方面，扎扎实实做好在校文秘专业学生的教育教学工作，没有一丝一毫的松懈。如2014年文秘专业教师团队被学校授予先进教学团队荣誉称号；高畅、邹斌、单辉分别获得2016年度、2017年度学校教学竞赛一等奖、二等奖；张永刚入选江苏省高校"青蓝工程"中青年学术带头人；姜蕾、樊娟、孙月琴、邹志红、单辉等编写的专业教材《秘书工作实务》《应用文写作及口语交际训练》《中国文化概论十五讲》投入使用；经宽蓉、徐晓明的"第一、第二课堂合力助推校园文化发展可行性研究""句容生态文化创意产业的区域发展模式研究"等校级课题、市级课题完成结项；相关教师组织学生参加了商务部主办的全国秘书技能大赛，获得了团体三等奖的佳绩。此外，文秘专业的学生陈惠敏顺利完成江苏省教育厅的实践创新项目"镇江市婚庆文化产业现状调查"。可见，文秘专业优势依然明显，保持特色不变。多年来，文秘专业就业率始终在95%以上。

育人的深入与执着，是文秘人始终坚持的专业精神。文秘专业教师在本专业教学中，始终以马克思主义思想为指导，以全面有重点、扎实有力度为学习要求，尤其在辩证唯物主义思想的灌输、教导、训练、实践中，引导学生树立正确的价值观，真正把"教书"和"育人"融为一体。在引导学生积累知识、提高能力的同时，逐步提升学生运用科学的世界观解决问题的素养，使其能触类旁通地解决学习阶段遇到的各种问题。文秘专业教师通过QQ、微信、短信、电话、面谈等多种渠道了解学生的情况，与学生谈心、沟通，全方位、细致深入地给予其关心、帮助、启发、指导，及时解决他们在文化学习、学业进修、个人情感等多方面的问题，使他们可以安心、愉快地学习。文秘专业教师用满腔的爱心，将教书育人的工作作为终生奋斗的事业，挥洒汗水浇灌高专校园美丽的花朵，这正是对文秘人专业精神的生动诠释。

代表人物

李欣 当代著名秘书学家，一生致力于我国秘书学的理论建设和秘书实践工作，创办《秘书工作》杂志，出版了《秘书工作》《中国现代秘书工作基础》《秘书学导论》《办公室工作规范》《中国秘书发展史》《办公室工作实用全书》《公务文书写作概述》等多本秘书学著作，总计400余万字。他注重理论与实践相结合，立足于我国的秘书工作实践，总结出一套符合中国国情的秘书工作理论及秘书工作的指导思想、指导原则、工作内容等，成为"实践秘书学"的杰出代表。同时，他分析古今中外秘书工作案例，挖掘其中蕴含的秘书理论，将其与时代结合，总结出一套符合时代特色的秘书学思想，丰富和发展了当代秘书学的研究内容。秘书学学术评论家邱惠德称他为"开神州当代秘书学研究之风的人"。

常崇宜 当代著名秘书学家，被秘书学界人士誉为"秘书学科学术带头人""秘书学科教学开创者""秘书学界著名社会活动家"，其发起和创建了我国省会城市第一个秘书学术团体——成都市秘书学会，创办了我国第一份由省会城市秘书学会主办的杂志《秘书界》（双月刊）。1987年12月1日至6日，他牵头主办了第一届全国秘书学与秘书工作学术讨论会（时称"秘书学建设与秘书工作学术讨论会"），对秘书、秘书部门、秘书工作等基本概念，以及我国秘书学的名称、研究对象、诞生年代、学科体系、学科建设等重大问题进行了讨论。他编写的《秘书学概论》《现代秘书工作》《管理参谋原理与参谋艺术》《现代秘书工作概论》《秘书工作与秘书实务——面对21世纪的秘书职业》《秘书学概论自学辅导》等著作，奠定了秘书学领域教材建设的基础。他发表的《对加强秘书学建设的几点设想》《我国秘书学的诞生时期、标志与名称提法》《秘书学科建设回顾与前景漫谈》《秘书工作理论的建设问题》等一系列论文，奠定了秘书学科理论研究的基础，为建设秘书学科做出了重要贡献。

专业沿革

镇江高等专科学校文秘专业诞生于20世纪80年代初，至今近40年。在江苏省内大专院校同类专业中办学历史较长，办学经验丰富。初创时期，仅仅面向镇江地区招生，学制3年。20世纪末，办学规模不断扩大，并面向省外招生，涉及东北三省及海南、江浙、云贵川等地区。在专业领域方面，最初的三年制文秘专业逐步与其他专业"联姻"，创建了文秘法律、文秘经贸、现代文秘与英语、现代文秘与商务、文秘（经理助理方向）、文秘（办公自动化方向）和文秘（计算机信息管理方向）七个双学位的四年制专业。

文秘专业虽然先后归属于学校的中文艺术系、中文系、人文社科系、文法学院和文旅学院，但始终坚持立足本专业，提高教学质量，提升教育水平，在学校领导的关心和支持下，在相关部门的积极配合下，通过文秘专业所有教师的共同努力，经学校自评、网上互评、江苏省教育厅审定，于2011年被评为江苏省特色专业，成为当时学校唯一的省级特色专业。

2014 年至今，文秘专业在招生遇到困难的时候，不断深化内涵建设，拓展品牌效应，不断提升育人质量，同时通过灵活多变的招生方式渡过了难关。当前，文秘专业正在逐步完成师资的更新换代，一批更年轻和富有活力的青年教师开始承担专业发展的重任。我们有理由相信，文秘专业在高质量发展的道路上必将拥有更加灿烂辉煌的明天。

专业特色

镇江高等专科学校文秘专业历经近 40 个春秋，在长期办学过程中不断积淀，形成了不同于国内、江苏省内其他学校同类专业的特有的优势。

首先，明确的人才培养目标。文秘专业主要面向中小企业、社区服务中心和基层行政事业单位，培养大学专科层次、具有良好职业道德和人文素养、熟悉现代办公设备使用方法、能胜任各种会务工作、能协助上司进行管理工作、为上司决策提供相关信息服务、能较好地发挥参谋职能作用的高素质的技能型文秘人才。就业的指导思想主要为"立足本地，适当向周边省市辐射"。

其次，"三能一高"的课程培养体系。文秘专业准确把握文秘人才的知识素质和能力素质要求，在教学过程中实施"教学做一体化"改革，符合高等职业教育改革的方向，效果显著。培养学生具备"三能一高"（能写、能说、能做，高素质）的岗位能力，即能写作常见行政文书、事务性文书、应用文、新闻等；能与上司、同事、平行部门、外界良好沟通，处理日常办公室接待与拜访事宜，接打电话，与客户谈判等；能做好各项服务性工作、组织会议、管理档案、搜集与分析信息情报、使用办公设备和现代多媒体技术等；具有语言素质高、文化素质高、思想素质高、职业素质高等特点。

再次，对应能力设置知识模块。文秘专业根据能力培养的层次性、顺序性和渐进性，合理地在教学计划中安排教学模块。例如，"应用汉语""中国古代文化与文学""普通话口语训练"等课程在第一学期开设，"中国现当代文学""秘书理论与实务""公文写作"等课程在第二学期开设，"外国文化与文学""公共关系原理与策划""秘书职业口语训练""办公自动化""应用文写作"等课程在第三学期开设，"中国文化概论""新闻采编与写作""秘书沟通与谈判""秘书礼仪""公共关系心理与技巧"等课程在第四学期开设。这样的安排既保证了知识能力的模块化，又体现了学习的延续性。其中，语言文化基础课程由专业功底扎实、文化底蕴深厚的教师教授，专业课教师则由教学经验丰富、专业知识过硬、"双师型"的具有高级职称的教师担任。校内的专业实训室和校外的实习基地为学生开展实践及锻炼能力提供了很好的保障，综合实习让学生学以致用并具备了较强的秘书岗位适应能力。

最后，充分发挥专业建设指导委员会的作用。文秘专业建设指导委员会成立于 2000 年，有成员 11 人，其中，校内 4 人、校外 7 人。校内成员都具有教授或副教授等高级职称，长期从事教学、管理工作且为学校或部门的负责人。校外成员为企事业单位的负责人或部门负责人，熟悉秘书工作性质，对企事业单位秘书人才的知识结构和能力结构有直接发言权。专业建设指导委员会成员参与专业建设和教学改革的全过程，每年召开 3 ~ 4 次工作会议，主要讨论市场对文秘人才的需求状况和用人单位对文秘人才专业知识、技能的要求，对专业设置和专业方向的调整、课程体系的改革，以及教学方法的改进和能力结构的设置提出具体指导意见。

实践中不断提炼、总结经验，牢牢扣住特色进行教学，将专业教学与教学目标任务、教学对象的实际情况紧密结合，是文秘人坚守的初心。

重点成果

（一）名师

文秘专业现有教师 11 人，其中，有正高级职称者 2 人、副高级职称者 6 人、讲师 3 人，有高级职称者占比为 72.7%。多年以来，文秘专业在发展过程中不断涌现专业领军人才，他们在教学管理、专业教育、学术研究等方面都取得了较为突出的成绩。

潘天华，副教授，1982 年 1 月毕业于南京师范学院（现南京师范大学）中文系，1992 年 7 月在镇江高等专科学校工作，先后任党办、校办负责人、校长助理兼党办、校办主任，校党委委员，副校长，校工会主席（兼）等职。从教学岗位走上行政领导岗位的他，长期从事教学工作，先后承担过"现代汉语""古代汉语""语言学概论"等课程的教学任务，还承担过进修班等的教学工作。他勤于钻研业务、注意改进教学方法，不断提高教学质量，注重结合实际加强教科研工作，先后撰写并发表了《〈孙子兵法〉比喻句特色》《"汉字部件教学法"刍议——兼论汉字教学方法应与编码方法"兼容"》《〈梦溪笔谈〉的语言学价值》等论文 10 多篇。1993 年被评为镇江市优秀教育工作者；1998 年被评为江苏省"大学生风采工程"先进个人。

季正松，教授，1982 年毕业于南京师范学院，取得硕士学位。自 1984 年起，历任镇江教育学院团委副书记，镇江高等专科学校社科部副主任、教务处副处长、人文社科系主任、人文与法律学院院长。主持并参与国家、省级、市级课题研究 7 项，出版独著 1 部、合著 4 部，发表论文 40 余篇。发表的多篇论文获全国、江苏省优秀论文评比一、二、三等奖，并被中国人民大学复印报刊资料等转载、索引。荣获镇江市首届教育科研先进个人、镇江高等专科学校三全育人先进个人等称号，多次获学校嘉奖。

张永刚，教授，复旦大学博士后，历任镇江高等专科学校人文社科系文秘专业负责人、教研室主任、人文与法律学院副院长、人文与旅游学院院长，现任镇江高等专科学校发展规划处处长。多年来一直从事明代文学与政治研究，先后主持和参与国家、省级、市级、厅级课题研究 20 余项，出版专著 2 部，发表论文 80 余篇。先后获评江苏省高校"青蓝工程"中青年学术带头人、江苏省"333 高层次人才培养工程"第三层次培养对象、镇江市"169 跨世纪学术技术带头人培养工程"学术技术带头人、镇江市有突出贡献的中青年专家等。

（二）教材

文秘专业教师先后编写了《秘书工作实务》《大学生人文修养读本》《应用文写作及口语交际训练》《中国文化概论十五讲》等校本教材，其中《大学生人文修养读本》《应用文写作及口语交际训练》《中国文化概论十五讲》作为全校公共基础课教材使用，对提升学生的人文素养起到了重要作用。

《大学生人文修养读本》（南京大学出版社 2003 年出版），主要包括彻悟人生，等于延长生命；珍惜亲情，胜过拥有财富；追寻理想，实现人类大同；敬业乐业，夯实幸福基础等内容，对帮助学生形成正确的人生观、价值观，加强自身修养大有裨益。

《大学生人文修养读本》封面

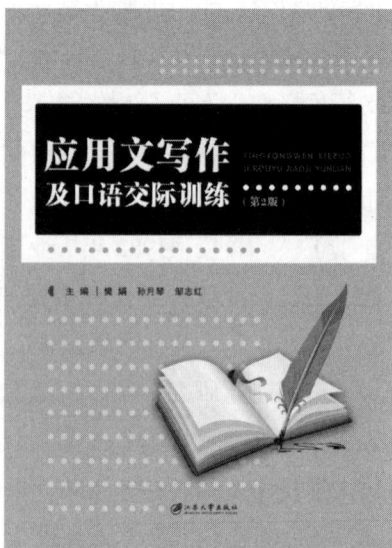

《应用文写作及口语交际训练》封面

《应用文写作及口语交际训练》（江苏大学出版社 2015 年出版），内容包括公务文书写作训练、事务文书写作训练、求职文书写作训练、日常文书写作训练、经济文书写作训练、科研文书写作训练、法律事务文书写作训练等七大项目及语言表达指导，案例丰富，缺陷例文讲解明晰，贴合就业岗位的实际工作。

《中国文化概论十五讲》（江苏大学出版社 2020 年出版），以中国文化的概貌描述、发展历程、精神价值及传承创新等为主题进行选讲，内容包括绪论、中国文化发展的物质基础、中国文化依托的社会政治结构、中国文化的发

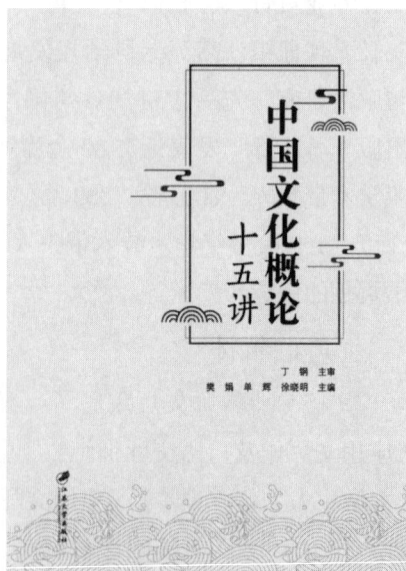

《中国文化概论十五讲》封面

展历程、中国文化的基本精神，以及中国古代的伦理道德、哲学、汉字、史学、文学、艺术、教育、科技等，使学生对中国文化的基本精神及其特征有总体性的认识，从而培养和提升学生的人文素质。

杰出校友

宣小红　女，编审，1966年9月出生于江苏省盐城大丰，1984年9月进入镇江高等专科学校文秘专业学习。1987年7月毕业后到江苏工学院（现江苏大学）校办工作，1992年9月考取中国人民大学信息资源管理学院硕士研究生，1995年6月取得硕士学位，毕业后留在中国人民大学书报资料中心工作，工作期间攻读中国人民大学

宣小红

信息资源管理学院博士研究生，取得管理学博士学位。其至今仍在中国人民大学书报资料中心工作，曾任教育编辑室主任、教育事业部部长，现任中国人民大学书报资料中心基础教育期刊社社长兼主编。长期从事信息资源管理、教育管理、人文社科学术评价、期刊出版等领域的研究，现为国家社会科学基金学科评审组专家、全国教育科学规划专家组成员。

张峥嵘　男，高级经济师，1988年毕业于江苏电大（镇江高等专科学校的前身）文秘专业，历任镇江市文化服务公司助理经理、工会主席、经理等职；2000年被调入镇江市西津渡建设发展公司（后改为"镇江市西津渡文化旅游有限责任公司"），历任办公室主任兼文史办主任。2008年受聘为

张峥嵘

《金山》杂志特约编辑，2009年受聘为《城视》杂志特约编辑，2011年受聘为镇江高等专科学校文秘专业建设指导委员会委员。1988年开始在《新华日报》《新民晚报》发表作品。2017年加入江苏省作家协会，创作以论文、散文、小说、文学评论为主，著有散文集《西津漫笔》、游记《走进西津渡》、论文集《西津论丛》等；从事名城保护、经济管理的理论与实践研究工作，发表论文80多篇，多篇论文获国家级特等奖、一等奖；在《东南

文化》《中华遗产》《中国名城》《新华日报》《新民晚报》《金山》《京江晚报》等报刊上发表文章，共计 200 多万字。多篇文章入选《中国现代化建设研究文库》和《中国现代化建设的理论与实践》大型文献。

董晶　女，1982 年 12 月出生，江苏镇江人，2004 年 7 月毕业于镇江高等专科学校中文艺术系文秘专业，现为镇江文广集团知名主持人、制片人和电台总监。董晶是在广电大楼里长大的孩子，从小学三年级开始就是红领巾广播台的小主持人。从 2001 年开始主持《花开的声音》节目，董晶坚

董　晶

持了 17 年，这是一场陪伴一代人长大的"心灵之约"。董晶被评为 2012 年镇江文广电台"双十佳"主持人和 2016 年度"感动文广"十大人物。2013 年主持美食节目《吃香喝辣》、2015 年主持汽车节目《一起买车》，并且成为电视节目《车世界》的制片人。2016 年从电台调入文广集团新媒体部，负责"一起镇江" App 直播组的工作。撰写的网络软文，阅读量突破 10 万，成为镇江知名的网络写手。2017 年 7 月，由于工作表现突出，董晶从一名主持人、制片人被提拔为文广集团的中层干部，成为 905 电台的总监，并且成为文广集团中自主经营电台的第一人，带领"90 后"团队打造全新理念的融媒体"吃喝玩乐"新型电台。

旅游管理专业文化

专业背景

　　旅游管理学是一门研究旅游业经营管理的新兴学科，1998 年以前，本科旅游管理是工商管理学科一级学科下的二级学科；1998 年以后，增设管理学学科门类，旅游管理随工商管理类归入管理类；2012 年，旅游管理从工商管理类中分离出来，独立成类，在管理学门类下与工商管理并列。

　　虽然这门学科在我国形成不过 20 余年的时间，但随着社会经济和文化的迅速发展和对外交往的不断扩大，我国旅游业迅速发展，不但成为我国第三产业的重要支柱，而且成为一个新的经济增长点，因而迫切需要兼有人文、地理、经济知识的经营管理人才。旅游管理学科正是在这种背景下逐步发展起来的，已成为管理学科体系中一个重要的学科。

　　尽管全球经济面临许多不确定因素，但我国旅游业面临的重大机遇和发展的基本环境没有改变，旅游业总体发展的向好趋势也不可能改变或逆转，旅游业发展的动力依然强劲。我国对外开放不断扩大，各项改革稳步推进，城乡居民收入继续增长，居民旅游消费需求潜力依然巨大。改革开放 40 多年奠定的坚实基础，将有力地支撑我国旅游业的发展。

　　21 世纪以来，就全球而言，旅游人次和旅游收入持续增长，增速持续高于 GDP 增速。2018 年，旅游业为全球经济贡献 8.8 万亿美元，相当于全球 GDP 的 10.4%，全世界有 10% 的就业岗位和旅游业相关。就全国而言，2018 年中国国内旅游收入 3.03 万亿元，比上年同期增长 15.4%。

　　"十二五"期间，旅游业全面融入国家战略体系，走向国民经济的前沿，成为国民经济战略性支柱产业。2016 年 12 月 7 日国务院印发的《"十三五"旅游业发展规划》指出，旅游业作为战略性支柱产业基本形成。因此，进一步提升旅游服务质量、规范旅游市场秩序、保障和实现旅游权益，是让人民群众对旅游业更加满意的主要途径，是旅游业践行社会主义核心价值观的迫切需要，是一切旅游工作的出发点和落脚点。

专业精神

　　"游客为本，服务至诚"作为旅游行业的核心价值观，是社会主义核心价值观在旅游行业的延伸和具体化，是旅游行业持续健康发展的精神指引和兴业之魂，是对改革开放以来业已形成的旅游行业核心价值取向的高度提炼和概括，也是师生需要共同遵守的核心价值观和共同的价值取向。

"游客为本"即一切旅游工作都要以游客需求为最根本的出发点和落脚点，是旅游行业赖以生存和发展的根本价值取向，解决的是"旅游发展为了谁"的理念问题。旅游业作为现代服务业的龙头，本身就是以为人服务为核心的行业。

"服务至诚"即以最大限度的诚恳、诚信和真诚做好旅游服务工作，是旅游行业服务社会的精神内核，是旅游从业人员应当树立的基本工作态度和应当遵循的根本行为准则，解决的是"旅游发展怎么做"的理念问题。"服务至诚"是旅游行业特性的集中概括，体现了对服务对象的承诺，展示了对自身工作的追求。"服务"是旅游行业的本质属性，"至诚"是人们道德修养追求的最高境界。

"游客为本"与"服务至诚"二者完美地结合在一起，将指引旅游行业沿着国民经济的战略性支柱产业和人民群众更加满意的现代服务业两大战略目标更好地前进，并在这一过程中实现从业人员、游客、企业、社会等多方利益相关者的共赢。

代表人物

莫里森（Alastair M. Morrison） 国际旅游学界泰斗、著名旅游服务与营销专家，现任"旅游界的哈佛"——美国普渡大学酒店及旅游管理系终身教授、博士生导师，也在英国斯特拉斯克莱德大学、澳大利亚詹姆斯·库克大学及中国香港大学兼任客座教授，同时担任世界旅游组织（UNWTO）等国际组织及意大利、西班牙等国家相关重大旅游项目的首席项目专家。莫里森先后主持全世界30个国家及地区的多项旅游重点研究项目，为全世界旅游行业培养了大量高级专门人才，是国际公认的旅游学界五位泰斗级人物之一。

莫里森是旅游学界杰出的教授、培训师，也是成果累累的研究者和学术带头人，一直从事国际旅游营销、酒店运营及消费者行为学的教学和研究工作，尤其在旅游市场营销战略与策划、国际旅游市场开发与推广、网络营销与网站评估、旅游策划与开发等方面有深入和独到的见解。他出版了多部旅游及服务业方面的领航性学术著作，发表了350多篇学术、会议论文及研究报告。

杜江　教授，毕业于南开大学旅游学系旅游外语专业，获文学学士学位，并考取了南开大学国际经济研究所世界经济专业在职研究生，取得经济学博士学位。曾任南开大学旅游学系副主任、主任，国际商学院副院长；北京第二外国语学院副院长、院长；北京市旅游局（现北京市文化和旅游局）局长、党组书记。2007年7月任中华人民共和国国家旅游局（以下简称"国家旅游局"，现中华人民共和国文化和旅游部）副局长、党组成员；2008年1月至2010年4月兼任中国旅游研究院院长；2018年3月任中华人民共和国文化和旅游部党组成员；2020年12月任中华人民共和国文化和旅游部党组成员、副部长。在南开大学、北京第二外国语学院工作期间，杜江取得的学术成果曾引发关注。杜江是享受国务院政府特殊津贴的专家，其主要研究领域为旅游企业经营管理，先后出版专著、教材和译著20余部，发表学术论文40余篇，主持和参与国家级、省部级和其他科研项目近20项。代表著作包括《旅行社管理比较研究》《旅行社经营与管理》《旅游企业跨国经营战略研究》《中国旅行社发展现状与发展对策研究》等。

魏小安　有"中国酒店业教父"的美誉，曾在北京市旅游局、中国社会科学院财经战略研究院工作；1988年到国家旅游局工作，历任政研处处长、旅行社饭店管理司司长、政策法规司司长、规划发展与财务司司长；2003年8月到中国社会科学院旅游研究中心任研究员；现任中国旅游文化资源开发促进会副会长、中央民族大学博士生导师。十几年来，魏小安参与中国旅游业发展的各项重大决策，起草国务院关于旅游发展的各项重要文件，参与各项旅游法规的制定，组织实施了旅游标准化、饭店星级评定、旅行社质量保证金制度、旅游质量监督管理所建设，以及中国优秀旅游城市、旅游区（点）质量等级评定等重要工作。他从事旅游研究与实践工作多年，出版著作40部，共计1000多万字，主要有《旅游发展与管理》《中国旅游业新世纪发展大趋势》《目击中国旅游》《旅游热点问题实说》《旅游目的地发展实证研究》《旅游强国之路：中国旅游产业政策体系研究》《共同的声音：世界旅游宣言》《中国休闲经济》《主题酒店》等。

专业沿革

（一）我国旅游管理本科层面专业沿革

1978年，为了解决国家经济建设中的外汇短缺问题，我国开始大力发展入境旅游，但当时旅游还是一项新生事物，相关人才匮乏，甚至对于旅游是不是一门学科或学问，社会上和学术界都存在着很大争议。旅游成为一门学科进入高等学府经历了一番曲折。

1. 中央和地方院校合作共建旅游专业

1980年，杭州大学创建了全国第一个旅游经济本科专业，并于1984年开始招收并培养硕士研究生。1987年旅游经济专业扩展，成立旅游系。1993年杭州大学旅游学院正式成立，创始人陈纲教授是全国首个旅游专业的海归博士。陈纲教授与吕建中、傅文伟、邹益民、周进步等当时的中青年骨干创立了杭州大学旅游学科，1998年杭州大学整体并入浙江大学。

1981年，国家旅游局和西北大学商定投资120万元设立旅游管理专业（当时称旅游经济专业），同年9月开始招收第一批旅游管理专业本科生。1985年，国家旅游局又投资240万元在西北大学设立旅游会计专业，同年成立旅游管理系。

1982年，南开大学申请增设旅游专业，同年6月，国家旅游局向南开大学投资440万元合作办学，设旅游管理和旅游英语两个专业，招生100名。1983年南开经济研究所开始招收旅游地理方向的硕士研究生。

2. 国家旅游局开设直属本科院校

1983年，国务院批复将北京第二外国语学院由教育部划归国家旅游局主管，其成为国家旅游局唯一的直属本科院校，学校开始转型，重点建设旅游学科，提出了以"外语为基础，旅游为特色"的发展战略，有旅游界的"黄埔军校"之誉。

南开大学、杭州大学、西北大学及北京第二外国语学院4所院校，在创建旅游本科专业的过程中相继得到了国家旅游局的资金支持和业务指导，长期以来，被全国旅游教育界称为"老四家"。

1986年，国家旅游局与中山大学协议开设旅游酒店管理专业，设在管理学院，1987年招生20人；2004年由保继刚领衔成立旅游学院，后经过数年的发展，逐步奠定了中山大学在全国旅游学界的"霸主"地位。

（二）我国旅游管理专科层面专业沿革

1979年，上海旅行游览专科学校（1980年更名为上海旅游专科学校，1992年更名为上海旅游高等专科学校，2003年划归上海师范大学管理）成立，是全国第一所培养旅游高级专门人才的专科学校。

2009年，中国旅游教育界的五所旅游院校，即桂林旅游学院、南京旅游职业学院、山东旅游职业学院、浙江旅游职业学院、上海旅游高等专科学校成立"中国旅游院校五星联盟"；2013年，郑州旅游职业学院也正式加入该联盟。

"中国旅游院校五星联盟"是在全球高校教育资源整合潮流背景之下成立的，开创了我国旅游职业教育高校联合的先例，旨在推动中国旅游院校之间的合作，打造中国旅游高等教育的"常青藤联盟"。

总之，在20世纪80年代初，在国家旅游局和相关学科众多学术前辈的共同努力下，旅游学科终于成立。进入20世纪90年代后，随着我国旅游业的快速发展，社会对旅游人才的需求急剧增加，旅游学科在全国各大高等院校开枝散叶、百花齐放，为如今的旅游教育发展奠定了扎实的基础。

（三）镇江高等专科学校旅游管理专业沿革

镇江高等专科学校旅游管理专业办学较早，人才辈出，为地方培养、输送了大批专业人才，很多毕业生已经成为旅行社总经理、酒店高管、行业专家和中坚力量。

镇江高等专科学校旅游管理专业始创于1995年，原名为旅游与酒店管理专业，隶属管理系，是全国范围内较早创立的旅游管理专业之一。专科层次的旅游与酒店管理专业在发展初期是旅游管理专业本科层次的压缩版。2000年，国家对于专科层次的职业教育越来越重视，江苏省教育厅在全省范围内开始进行高职教育教学改革，镇江高等专科学校旅游与酒店管理专业成为首批试点专业。此后，学校旅游管理专业从纯理论的高专教育转变为理论加实践的高职高专教育，2003年开始实施"2+1"人才培养模式，与行业对接。2005年，高职旅游类专业的设置更加丰富及细化，旅游与酒店管理专业分设为旅游管理和酒店管理两个专业，同时增加了许多与旅游业相关的专业及专业方向。2003年，旅游管理专业作为江苏省教育厅首批品牌专业建设项目，2006 年顺利通过验收，成为全省 7 个首批品牌专业之一，是唯一的旅游类品牌专业。在品牌专业建设的基础上，其持续开展教育教学改革，2012 年获得以旅游管理为核心专业的江苏省重点专业群建设项目，开始创新实施"校企互嵌、工学结合、旺进淡出"的人才培养模式；2016 年以优良的成果通过项目验收，该模式获得江苏省教学成果奖二等奖。2017 年成功申报江苏省高水平骨干专业建设项目。

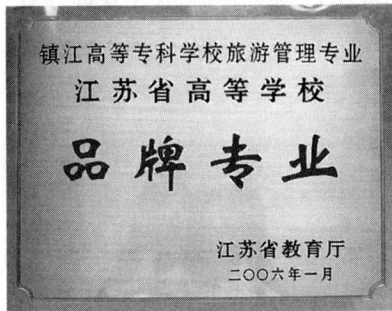

旅游管理品牌专业铜匾

教学成果奖证书

专业特色

经过 20 多年的发展，镇江高等专科学校旅游管理专业在人才培养模式上形成了"校企互嵌、工学结合、旺进淡出"的特色。

依据行业企业对人才培养模式的要求，"校企互嵌、工学结合、旺进淡出"人才培养模式将校企合作贯穿学生培养全过程，并针对旅游行业旺淡季明显的特点，践行"旺进淡出""工学交替"的原则，灵活安排和组织教学，实施"双导师+双融合"校企互融人才培养机制。做法之一是聘请行业专家作为学生的企业导师，参与课程体系的设置和课程标准的制定，形成校内外教学团队，共同研讨教学内容和教学形式；聘请行业专家进入课堂，共同承担专业核心课程的讲授任务，并通过讲座等形式开展专业活动。做法之二是学校教师作为学生的学校导师，和学生一起进企业。首先，教师通过企业挂职、企业顶岗，不断提升专业技能水平，了解行业发展趋势，同时教师利用自身专长，帮助企业开展培训；其次，学生进入企业参观学习、跟岗试岗、顶岗实习锻炼。所谓"旺进淡出"，是指安排

二、三年级的学生在旅游旺季（一般为 4 月至 10 月）进入旅游企业进行实习实训，淡季（一般为 11 月至来年的 3 月）回学校继续进行理论知识提升和拓展技能训练。这样做一方面可保证在顶岗实习时有充足的业务量，使学生得到充分的锻炼；另一方面，可有效解决部分旅游企业旺季人手不足的困难，从而实现学生、学校、企业三赢。"校企互嵌、工学结合、旺进淡出"人才培养新模式从 2013 级开始正式实施，2014 级调整完善，到 2015 级成熟稳定，取得了不错的成效，形成了既符合职业教育发展规律，又满足旅游行业发展需要，能进行自我动态调整的校企互融人才培养模式。

重点成果

（一）名师

旅游管理专业现有专任教师 22 人，其中，有正高级职称者 3 人（约占 14%）、副高级职称者 6 人（约占 27%），中级职称者 13 人（约占 59%）；硕士 18 人（约占 82%），博士 2 人（约占 9%）；"双师型"教师 21 人（约占 95%）。学校聘请 35 名旅游行业企业专家担任旅游管理专业兼职教师，直接授课或指导学生实践，形成了学历、职称层次高的专兼结合的"双师型"教学团队。2018 年旅游管理专业教学团队获批江苏省高校"青蓝工程"优秀教学团队。

旅游管理专业名师一览表

姓名	荣誉称号	年度	授奖部门	获奖级别
李冬梅	江苏省"333 高层次人才培养工程"培养对象	2011	江苏省委人才工作领导小组	省级
廖维俊	江苏省高校"青蓝工程"优秀青年骨干教师	2012	江苏省教育厅	省级
	江苏省"333 高层次人才培养工程"培养对象	2013	江苏省委人才工作领导小组	省级
	镇江市"169 跨世纪学术技术带头人培养工程"第五期科技骨干	2016	镇江市人才工作领导小组办公室	市级
	校级教学名师	2018	镇江高等专科学校	校级

姓名	荣誉称号	年度	授奖部门	获奖级别
罗春燕	江苏省高校"青蓝工程"优秀青年骨干教师	2014	江苏省教育厅	省级
	镇江市"169跨世纪学术技术带头人培养工程"第五期科技骨干	2016	镇江市人才工作领导小组办公室	市级
	校级教学名师	2018	镇江高等专科学校	校级
王志民	镇江市"十佳教师"	2017	镇江市人民政府	市级
	校级教学名师	2018	镇江高等专科学校	校级

（二）名课

旅游管理专业教学团队十分注重推进课程建设项目，围绕专业建设、课程建设、教学计划、教学内容、教学方法、教风学风及课题研究等方面开展教研活动，制订了详细的专业课程建设计划。通过不断的努力，教学团队成员共建设省级精品课程1门、校级精品（重点）课程3门，已建成在线课程10门，为课程改革奠定了扎实的基础、积累了丰富的经验，有力地保障了本专业精品课程建设及教学改革工作的深入开展。

旅游管理专业精品课程一览表

序号	课程名称	建设人	类别
1	旅游资源学	高曾伟	省级精品课程
2	模拟导游	凌丽琴	校级精品课程
3	餐饮服务与管理	王志民	校级精品课程
4	客房服务与管理	罗春燕	校级精品课程
5	导游实务	邱小樱	校级在线课程
6	饭店管理概论	李占旗	校级在线课程
7	饭店设备管理	李占旗	校级在线课程
8	饭店基建与装饰赏析	王亚萍	校级在线课程
9	英美国家概况	华艳	校级在线课程
10	全国导游基础知识	凌丽琴	校级在线课程
11	茶文化与茶艺	黄凌云	校级在线课程
12	饭店前厅服务与管理	王小琴	校级在线课程
13	饭店市场营销	王亚萍	校级在线课程
14	饭店花艺	华艳	校级在线课程

(三) 教材

为了使教材有更好的适用性，本专业积极组织教师跟踪新技术并进行市场调研，联合企业共同开发教材，根据多年的教学实践经验编写教材和讲义。除了自编教材和讲义以外，教师还积极寻找合作院校、出版社、协会参与著作及教材的编写出版，已出版专业教材 14 部。其中，国家规划教材 3 部，省级重点教材 5 部，校级"工学结合"教材 6 部。出版的教材质量高，被国内多所高职旅游院校选用。

旅游管理专业精品教材一览表

序号	教材名称	主编	出版单位	出版时间	获奖情况
1	《旅游资源学》	高曾伟 卢晓	上海交通大学出版社	2002 年 1 月	"十一五"国家规划教材、江苏省重点教材、江苏省教学成果奖一等奖
2	《旅游线路设计》	陈启跃 胡萍 凌丽琴 胡绍华 王莲花	上海交通大学出版社	2010 年 5 月	"十一五"和"十二五"国家规划教材、江苏省重点教材
3	《餐饮服务与管理》	王志民 许莲	东南大学出版社	2014 年 9 月	江苏省重点教材、校教学成果奖一等奖
4	《茶文化与茶艺》	黄凌云 王小琴	江苏大学出版社	2019 年 8 月	江苏省重点教材
5	《旅游线路设计》	罗春燕 陈启跃	上海交通大学出版社	2019 年 12 月	"十三五"国家规划教材、江苏省重点教材
6	《导游技能实训教程》	凌丽琴 邱小樱	江苏大学出版社	2013 年 7 月	校"工学结合"教材
7	《旅游客源国》	王志民 凌丽琴	国防工业出版社	2012 年 9 月	校"工学结合"教材
8	《导游实务》	邱小樱 朱玉霞	江苏大学出版社	2015 年 2 月	校"工学结合"教材
9	《旅行社经营管理实务》	朱玉霞 邱小樱	江苏大学出版社	2015 年 4 月	校"工学结合"教材
10	《涉外导游技能实训》	鲍旦旦 孙建中	江苏大学出版社	2016 年 8 月	校"工学结合"教材
11	《前厅服务与管理》	罗春燕 王琳	江苏大学出版社	2015 年 2 月	校"工学结合"教材、校"工学结合"优秀教材二等奖

序号	教材名称	主编	出版单位	出版时间	获奖情况
12	《旅游美学》	高曾伟 易向阳	上海交通 大学出版社	2008 年 1 月	21 世纪高等职业 教育规划教材
13	《现代饭店管理实务》	罗春燕	中国物资 出版社	2011 年 6 月	
14	《镇江导游》	陈启跃	人民日报 出版社	2005 年 3 月	镇江导游资格 证口试用书

（四）优秀教学团队及教学成果

本专业目前获得江苏省教学成果奖一等奖 1 项、二等奖 1 项，校级优秀教学成果奖一等奖 2 项，拥有江苏省高校"青蓝工程"优秀教学团队 2 个。

旅游管理专业优秀教学团队及教学成果一览表

序号	项目名称	获奖时间	授奖部门	获奖级别
1	《旅游资源学》	2005 年 12 月	江苏省教育厅	江苏省教学 成果奖一等奖
2	"校企互嵌、工学结合、旺进淡出"高职旅游人才培养模式创新与实践	2017 年 12 月	江苏省教育厅	江苏省教学 成果奖二等奖
3	江苏省高校"青蓝工程"优秀教学团队（旅游管理）	2018—2021 年	江苏省教育厅	省级
4	江苏省高校"青蓝工程"优秀教学团队（酒店管理）	2019—2022 年	江苏省教育厅	省级

（五）技能大赛奖项

旅游管理专业一直注重人才培养质量，注重以赛促学、以赛促教，积极推动学生专业技能素质的提升，技能竞赛成果丰硕，曾获江苏省技能大赛一等奖 3 项，连续三届获全国行业技能大赛一等奖并荣获团体一等奖，为学校赢得了美誉。

旅游管理专业市级及以上技能竞赛获奖情况一览表（部分）

序号	获奖者	竞赛名称	成绩	级别	年份
1	倪祥龙	全国旅游院校职业技能 大赛中式做床项目	一等奖	国家级	2013

序号	获奖者	竞赛名称	成绩	级别	年份
2	于雷	全国旅游院校职业技能大赛西餐摆台项目	二等奖	国家级	2013
3	韩妍	全国旅游院校职业技能大赛中餐摆台项目	三等奖	国家级	2013
4	吕伟	江苏省高校职业技能大赛英语演讲项目	三等奖	省级	2013
5	范镕婵	江苏省高校职业技能大赛英语口语比赛项目	三等奖	省级	2013
6	徐丽丽	全国旅游院校职业技能大赛导游中文讲解项目	三等奖	国家级	2014
7	李光皓	全国旅游院校职业技能大赛导游英文讲解项目	三等奖	国家级	2014
8	徐娜娜	镇江茶艺师大赛	十佳茶艺师	市级	2014
9	闫一帆	全国旅游院校职业技能大赛中式做床项目	一等奖	国家级	2015
10	郝韵隆	全国旅游院校职业技能大赛西餐摆台项目	二等奖	国家级	2015
11	张小颖	全国旅游院校职业技能大赛中餐摆台项目	二等奖	国家级	2015
12	周末	全国旅游院校职业技能大赛导游中文讲解项目	一等奖	国家级	2016
13	王松琦	全国旅游院校职业技能大赛导游中文讲解项目	二等奖	国家级	2016
14	沙新宇	全国旅游院校职业技能大赛导游英文讲解项目	三等奖	国家级	2016
15	汪梦宇	全国旅游院校职业技能大赛导游英文讲解项目	三等奖	国家级	2016
16	镇江高等专科学校	全国旅游院校职业技能大赛导游讲解团体项目	一等奖	国家级	2016
17	周末	江苏省高职院校职业技能大赛导游中文讲解项目	一等奖	省级	2016
18	王松琦	江苏省高职院校职业技能大赛导游中文讲解项目	二等奖	省级	2016

序号	获奖者	竞赛名称	成绩	级别	年份
19	印梦溪	江苏省高职院校职业技能大赛导游英文讲解项目	三等奖	省级	2016
20	魏子恒	全国旅游院校职业技能大赛中式做床项目	一等奖	国家级	2017
21	崔忆	全国旅游院校职业技能大赛西餐摆台项目	一等奖	国家级	2017
22	曾婷婷	全国旅游院校职业技能大赛中餐摆台项目	二等奖	国家级	2017
23	王洁缘	江苏省高职院校职业技能大赛导游中文讲解项目	一等奖	省级	2018
24	赵杰	江苏省高职院校职业技能大赛导游英文讲解项目	一等奖	省级	2018
25	阚雪玮	江苏省高职院校职业技能大赛导游中文讲解项目	三等奖	省级	2018
26	王玄	江苏省高职院校职业技能大赛导游中文讲解项目	三等奖	省级	2018
27	赵杰	全国高职院校职业技能大赛导游中文讲解项目	三等奖	国家级	2019
28	赵杰	镇江市纪念赛珍珠获诺贝尔文学奖80周年诗词朗诵大赛	特等奖	市级	2019
29	阚雪玮	镇江市纪念赛珍珠获诺贝尔文学奖80周年诗词朗诵大赛	一等奖	市级	2019
30	徐芸洁	镇江市纪念赛珍珠获诺贝尔文学奖80周年诗词朗诵大赛	二等奖	市级	2019
31	戴昊洋	镇江市"传承红色文化畅游最美镇江"微视频大赛	二等奖	市级	2019
32	赵杰	2019"文旅杯"镇江市导游大赛	金牌	市级	2019

旅游管理专业文化

025

杰出校友

　　季汉文　男，1981 年 1 月出生，江苏盐城人，1999 年 9 月进入镇江高等专科学校旅游管理专业学习。2003—2014 年，在晋煤集团镇江市国际神龙旅行社有限公司（以下简称"镇江神龙国旅"）担任总经理。该旅行社稳居镇江市十强旅行社之列，连续多年被评为"江苏省诚信旅行社"，其本人也多次获"镇江市旅游工作先进个人"称号。2014 年，镇江神龙国旅与镇江中旅、海外国旅重组成立江苏文广国旅，季汉文担任副总经理职务。2016 年，江苏文广国旅获评"江苏省五星级旅行社""江苏省二十强旅行社""江苏省产品营销二十强"，季汉文本人再次被镇江市政府评为"旅游工作先进个人"。

季汉文

从镇江高等专科学校毕业后，季汉文已成为镇江、江苏乃至长三角地区旅游业界的精英和知名人物，为镇江旅游经济发展做出了重要贡献。

　　俞春旭　女，1984 年 3 月出生，江苏无锡人，曾为镇江高等专科学校旅游系旅游英语专业学生，现任无锡中旅信程旅游股份公司（以下简称"无锡中旅"）导游部主管。2008 年 7 月毕业后入职无锡中旅，从事导游工作，主要负责华东五市接待工作。2010 年起从事领队工作，足迹遍布多个国家和国内多个旅游城市。从业至今保持零投诉纪录，获游客赠送的锦旗多面、表扬信百余件。2008 年至今多次被评为公司先进员

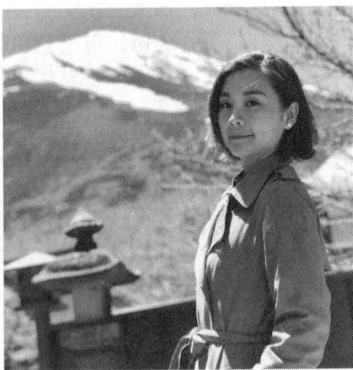

俞春旭

工；2014 年获首届无锡市好口碑导游称号；2017 年当选无锡市十佳导游，同年被评选为无锡市五一巾帼标兵、无锡市青年岗位能手、无锡市技术能手，并荣获无锡市五一劳动奖章。

环境艺术设计专业文化

专业背景

(一) 环境艺术设计学科的创立

环境艺术设计这一学科名称，最初是由中国美术学院（原浙江美术学院）教授吴家骅提出，原先是为了成立室内设计专业，但因寻找不到合适的管理部门而更名为"环境艺术设计"，"环境"二字取意于城乡建设环境保护。诚如郝卫国在《环境艺术设计概论》中所论：环境艺术设计是一门研究构建人类生活空间的既古老又年轻的综合性、实践性学科，它以现代营造技术为手段，以永恒的自然生存法则及人类不断提升的审美价值观来重构我们的生存环境，将自然生态和建筑环境整合为一个相互依存、不可分离的统一体，从而显示出环境艺术的整体力度。

(二) 室内设计专业的发展

从环境艺术设计的概念来分析，室内设计仅仅是环境艺术的一部分，主要指环境艺术中涉及室内空间环境的部分，因此，室内设计是环境艺术设计的重要构成。《辞海》中对"室内设计"的解释为："对建筑内部空间进行功能、技术、艺术的综合设计。根据建筑物的使用性质（生产或生活）、所处环境和相应标准，运用技术手段和造型艺术、人体工程学等知识，创造舒适、优美的室内环境，以满足使用和审美需求。设计的主要内容为室内平面设计和空间组合，室内表面艺术处理，以及室内家具、灯具、陈设的选型和布置等。"

董赤在《新时期30年室内设计艺术历程研究》中提出中国近现代设计艺术中的室内设计发展大体经历了两个阶段：

（1）第一个阶段为近代，是指1840年鸦片战争开始直至20世纪上半期。在这一阶段，西方列强的入侵造成了西方工业文明的现代性侵入，使当时中国社会上的"精英分子"被动接受外来的各种新思潮与新技术，以及其中各类"设计"文明。因此，从重视"新式工艺"到践行"新学"，在外来工业文明冲击下应运而生的各类艺术形式得以扩张。就中国"设计"艺术的本质而言，这一阶段中国室内设计的产生和发展，反映了中国被动地接受西方现代思想的启蒙，并在学习和吸收西方现代思想后建立起自觉的危机意识。

（2）第二个阶段即所谓现代，是指中华人民共和国成立至今的70多年中设计文化所体现的发展历程。在这一时间段，设计艺术的发展同样存在两个层面的阶段性表现：一是中华人民共和国成立后到"文革"时期，设计学科被国家确立为工艺美术学科，并被纳入国家整体建设规划之中，全力发展"工艺美术"并建立专门培养工艺美术专业人才的院校，"工艺美术"中的建筑装饰或室内装饰也得到了前所未有的发展。二是自20世纪70年代末改革开放以来，中国现代设计艺术发展进入了一个新的历史阶段。在这40多年里，工艺美术及设计观念得以修正，设计艺术或艺术设计学科被确认，西方设计思潮、流派、方法、产品大量涌进，设计师及艺术设计教育者们的视野拓宽了，设计实践的舞台扩大了。从20世纪80年代开始，室内设计专业得到普遍认可，不但被学术界广泛研究，而且作为一个行业，带动了包括建筑、建材、化工、五金、纺织等在内的50多个相关行业的协调发展，成为最具生命力的朝阳产业之一。

纵观我国室内设计发展的历程，尤其是改革开放40多年里，室内设计有了长足的进步。事实证明，室内设计艺术体现出个人和团体的精神状态，也反映了对公众的尊重，以及与公众的互动。我国设计艺术虽经历了西方现代主义、后现代主义思潮影响的社会发展进程，但是没有全面西化，而是伴随着本土化的思考，出现了多元化发展的局面，以新的面貌适应国内当下政治、经济、文化的发展需要，不仅培养了大批设计师和专业的教育家，还发展了自己的企业，使人才成为行家里手；不仅完善了行业组织的营建，还引领了众多其他相关行业的发展。

专业精神

1. 专业精神的内涵

专业精神（professional spirit）是指在专业技能的基础上发展起来的一种对工作极其热爱和投入的品质。具有专业精神的人对工作有一种近乎痴迷的热爱，他们在工作的时候能够达到一种忘我的境界。

（1）专业技能是专业精神的基础。工作品质取决于员工的业务水平、专业技能，以及对本职工作的投入程度。环境艺术设计从业人员首先应该不断提高自己的专业技能，而提高专业技能的唯一方法就是广泛地学习，并不断实践。

（2）专业精神表现为一种对工作的态度。环境艺术设计专业从业人员要创新立意，富有创造力，精益求精，用美的视角给顾客创造美好的生活空间，满足顾客对美好生活的向往；用绿色的设计理念，创造自然生态的艺术空间。要牢固树立习近平总书记所强调的"绿水青山就是金山银山"理念，开拓新思路、开辟新空间。

2. 环境艺术设计专业精神培育

（1）培育"工匠精神"。工匠精神就是对设计工作深入研究、系统思考，对设计的产品精益求精、精雕细琢。对于设计师来说，拥有这种精神非常重要，这是评价一位设计师对于自己从事的职业抱有何种态度的一个衡量标准，也是认定一位设计师是不是足够优秀的评判标准。

（2）培育"创新精神"。环境艺术设计专业的从业人员，其设计的作品应具备自己的设计风格和特点，拥有独特的环境思维和艺术表达方式，并且设计出来的作品与众不同，富有个性化。

（3）培育"持续学习精神"。设计师要不断突破自我，充实知识，提升能力，增长经验，拓宽视野。

代表人物

中国环境艺术设计的崛起和发展，是我国近年来极为重要的文化艺术成就之一。中华民族是富有智慧的民族，优秀的中华儿女在艺术设计领域引领专业发展，推动时代进步，他们用智慧的双手创造出经典的作品，培养出大批优秀人才。

贝聿铭（Ieoh Ming Pei） 出生于中国广州，毕业于哈佛大学，美籍华人建筑师，曾于 1979 年荣获美国建筑师学会金奖、1983 年荣获第五届普利兹克奖、1986 年荣获美国总统里根颁予的自由奖章等，被誉为"现代建筑的最后大师"。其作品以公共建筑、文教建筑为主，被归为现代主义建筑，他善于使用钢材、混凝土、玻璃与石材，代表建筑有位于华盛顿的美国国家美术馆东馆、法国巴黎卢浮宫扩建工程。贝聿铭设计建成了超过 50 项建筑设计作品，其中医院、学校、图书馆、公用建筑等有 30 余所，博物馆等有 12 所，半数以上获奖。1961—1967 年，贝聿铭在美国国家大气研究中心设计过程中逐步形成个人风格；1968—1978 年，在美国国家美术馆设计的作品赢得世界盛誉。应法国总统邀请设计的卢浮宫扩建工程更是他一生建筑事业的最高成就，被评价"将为 20 世纪建筑留下杰出之篇章"。贝聿铭对北京城市规划提出过重要建议，对北京城市规划建设起到了重要的推动作用。在设计香山饭店的过程中，他努力探索出一条现代建筑特征与中华民族特色相统一的可行之路，为丰富中国新建筑发展道路做出了重要贡献。他在 1996 年当选为中国工程院外籍院士。

张绮曼　别名张一曼，女，河南人。张绮曼教授是中国环境艺术设计专业的创建人及学术带头人。自 1986 年从东京艺术大学留学归来后，她根据中国建设发展的需要向教育部提出建立中国环境艺术设计专业的申请，1988 年该申请获正式批准，中国高校专业目录增设了"环境艺术设计"专业。中央工艺美术学院（清华大学美术学院的前身）室内设计系率先扩大专业，改名为"环境艺术设计系"，当时张绮曼教授担任系主任。此后，全国各地相关院校相继开设了环境艺术设计专业，招生规模不断扩大。张绮曼教授为环境艺术设计专业的创建辛勤耕耘，除了在教学、理论研究、教材编撰等专业领域取得了丰硕的成果外，还率先带领师生走出校门，开展专业调研，并投身到社会实践中去，参与了我国许多重大工程的设计与施工，得到了社会各界的广泛赞誉。在中央工艺美术学院合并至清华大学后不久，张绮曼教授被调入中央美术学院，建立了"环境艺术设计工作室"（即"第二工作室"），为中央美术学院积极开拓、发展环境艺术设计专业，并培养了我国第一代环境艺术设计专业的博士研究生。

专业沿革

（一）环境艺术设计专业历史沿革

镇江高等专科学校环境艺术设计专业的沿革经历了以下三个阶段。

第一阶段：2001 年 11 月经批准设置室内装饰设计专业，2002 年招收普专类学生。

第二阶段：2005 年按照教育部的专业名称规范要求，室内装饰设计专业更名为装饰艺术设计专业（专业代码为 670107），年底又增设了装饰艺术设计与建筑工程技术双专科。

第三阶段：自2010年起，装饰艺术设计专业明确以室内设计方向为建设重点，探索"基于工作过程"的"任务驱动，行为引导"的教学做一体化的课程体系。

第四阶段：2017年按照教育部的专业名称规范要求，结合专业发展，装饰艺术设计专业更名为环境艺术设计专业。

（二）环境艺术设计专业人才培养方向

环境艺术设计专业（室内设计方向），旨在培养具有一定艺术素养和设计应用水平，能胜岗、能转岗，又具有可持续发展能力的高素质技能型专门人才。环境艺术设计专业在人才培养上主动适应镇江环境艺术产业整体大发展的产业需求变化，灵活调整和设置专业。以校企合作共建为抓手，加大投入，促进校企深度融合，进一步深化专业内涵建设，提升专业办学的整体水平，提高服务区域经济和社会发展的能力。学制为全日制专科三年，招生对象为普通类高职学生、对口单招类高职学生。

（三）环境艺术设计专业教学理念

环境艺术设计专业坚持以"艺术与技术的新统一"和"教学与实践相结合"的教育理念为办学宗旨，以切实提高学生的职业素质、培养具有职业能力与行业竞争力的高端技能型专业人才为办学方向，大力推进教学改革，积极践行"就业导向，产学结合，课程改革，推行双证，订单培养"的高职高专人才培养模式，建立了一套较为完整而又科学的艺术设计教育框架，形成了以就业方向、培养目标、职业能力为基础，以工作过程为导向的"教、学、做"合一的课程体系。通过不断优化课程设置与课程标准，实现了专业教学质量与办学规模的协调发展，取得了较为显著的成效。

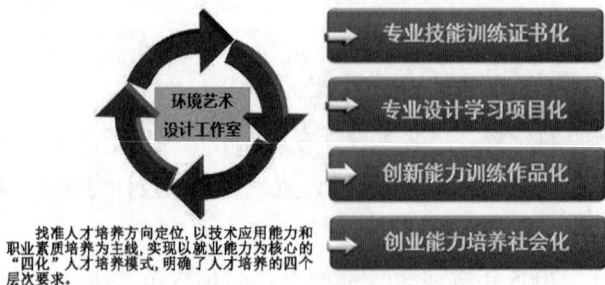

找准人才培养方向定位，以技术应用能力和职业素质培养为主线，实现以就业能力为核心的"四化"人才培养模式，明确了人才培养的四个层次要求。

基于工作室条件下的"四化"人才培养模式

（四）环境艺术设计专业实训基地建设

环境艺术设计专业拥有完善的校内外实训基地，满足了高职高专实施"情境教学、讲训并重、工学结合"人才培养方案的需要。教学团队师资队伍结构合理，"双师"素质突出，学缘分布科学，艺术成就彰显，为提高专业人才的培养质量和教育教学的实效提供了保障。

环境艺术设计专业校内实训基地实训项目一览表

名称	用途	地点
造型基础实训室	造型基础训练	6号楼北楼402室
计算机辅助设计1	平面设计（Photoshop）	6号楼北楼408室
计算机辅助设计2	三维设计（AutoCAD、3ds Max）	6号楼北楼410室
产品造型设计实训室	家具设计、家具设计与制造	6号楼北楼109室
环境艺术设计实训室	居室空间设计、公共空间设计	6号楼北楼404室
环境艺术设计基础实训室	建筑与室内设计基础、装饰材料与施工工艺	6号楼北楼406室
环境艺术设计工作室	建筑装饰工程预决算、施工组织设计	6号楼北楼405室

（五）环境艺术设计专业建设成果

专业开办以来，为社会培养了一批高端技能型专业人才，毕业生就业率达98%以上，部分毕业生已成为建筑装饰行业的精英和自主创业的佼佼者。学生在校期间荣获"中国大学生自强之星"提名奖、"中国建筑与艺术"青年设计师奖，并在江苏省工艺美术设计大赛、江苏省大学生艺术展演活动、江苏省高校优秀毕业设计（论文）评比等各类比赛中获奖。本专业培养的人才社会认可度高，专业建设和专业教师的科研成果显著。

（六）环境艺术设计专业建设重点目标

环境艺术设计专业应服务于国家经济发展，特别是区域经济的发展，围绕"美丽江苏"挖掘地域文化特征，将重建田园建筑，重回田园生活，建设美丽乡村、宜居乡村、活力乡村作为今后一段时期的重点目标。

主动适应行业产业整体大发展的需求变化，灵活调整和设置专业，满足社会发展要求。

目标定位

深化人才培养模式改革和课程建设改革，实现"能胜岗+能转岗"的高素质、可持续发展的高端技能型专门人才培养目标。

创新和完善校企合作工作机制，建设和完善"校企共建、资源共管、成果共享"的校内外实训育人基地，完成校企合作专业的建设。

专业建设目标定位

专业特色

（一）环境艺术设计专业建设特色之路

1. 校企共育，形成"四个对接"

环境艺术设计专业校企合作建设以镇江高等专科学校"四个对接"为指导，以"技能强、素质高、知识够、经验足"为人才培养目标，建设实施"四化"人才培养模式，设计了以"专题工作室+项目"为依托的实践实训教学体系，构建了以镇江市全景装饰高专工作室为核心，以镇江市装饰装修行业协会校企合作基地和镇江市室内设计师学会产学研平台为两翼的校企合作机制，全面有效地开展高端技能型专门人才的培养教学活动。

"四化"人才培养模式

2. 落实人才培养标准，形成"2+1"培养模式

根据新编制的人才培养方案，结合镇江高等专科学校"2+1"培养模式，重点对专业教学体系和课程教学改革提出了"双一体化"教学改革目标，即"专业人才培养系统工程一体化"和"专业课程实施教学做一体化"两个相辅相成的教学改革创新点，并依此对原"四平台八模块"课程体系进行解构重组，提高了教学质量。

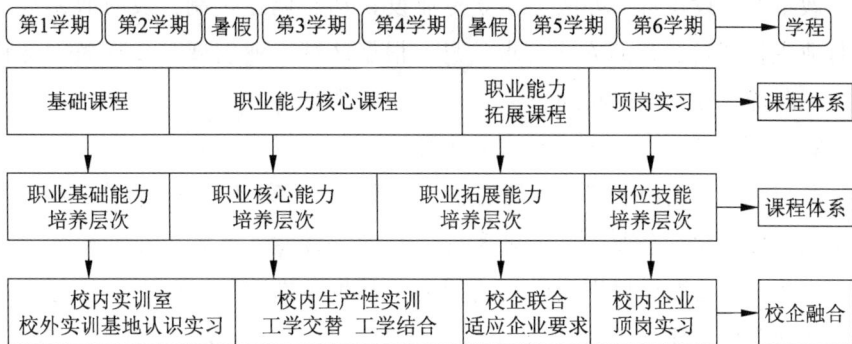

| 第1学期 | 第2学期 | 暑假 | 第3学期 | 第4学期 | 暑假 | 第5学期 | 第6学期 | → | 学程 |

| 基础课程 | 职业能力核心课程 | 职业能力拓展课程 | 顶岗实习 | → | 课程体系 |

| 职业基础能力培养层次 | 职业核心能力培养层次 | 职业拓展能力培养层次 | 岗位技能培养层次 | → | 课程体系 |

| 校内实训室 校外实训基地认识实习 | 校内生产性实训 工学交替 工学结合 | 校企联合 适应企业要求 | 校内企业 顶岗实习 | → | 校企融合 |

"2+1"培养模式

（二）加强环境艺术设计专业建设的重要举措

1. 组织专业团队，加强对专业建设的指导

艺术设计学院成立了环境艺术设计专业建设指导委员会，主持制定专业建设发展规划，加强对专业建设的业务指导。

环境艺术设计专业建设指导委员会成员名单

序号	姓名	工作单位	职称/职务	委员会职务
1	姚庆武	江苏中森建筑设计有限公司	研究员级高级工程师/常务副院长	主任委员
2	韩荣	江苏大学艺术设计学院	教授/院长	副主任委员
3	应文魁	江苏中艺广告装饰策划管理有限公司	高级工艺美术师、高级工程师	副主任委员
4	李杰	镇江高等专科学校	副教授/副院长	副主任委员
5	曹屹	镇江高等专科学校	讲师/副院长	秘书长
6	张晓初	镇江市集美装饰设计工程有限公司	高级注册室内建筑师	委员

序号	姓名	工作单位	职称/职务	委员会职务
7	陶靠军	镇江市工商业联合会（总商会）、镇江市家居装饰业商会	副会长、会长、市政协委员	委员
8	潘杨	江苏联和装饰设计有限公司	高级注册室内建筑师	委员

2. 围绕区域经济，调控专业设置

改革专业设置管理办法，建立专业设置动态调控机制，及时收集地方和行业主管部门发布的人才需求信息，根据区域产业发展需要调整专业设置，不断优化专业结构布局。

3. 开展校企合作，形成共育人才机制

要与地方行业协会建立密切的业务联系，与3家以上企业合作，在培养方案和课程开发、企业专门人才和能工巧匠上课堂、教师下企业服务或锻炼、企业人员技能再培训或学历再提升、学生顶岗实习和就业安排等方面进行深度合作，积极开展专业建设指导委员会工作会议，形成多方参与、多方建设、多方评价的管理机制，探索与企业"合作办学、合作育人、合作就业、合作发展"的办学新机制。

环境艺术设计专业与 CIID 镇江专委会全方位进行校企合作育人实践

4. 围绕岗位需求，开展人才培养模式改革

以社会需求为依据，明晰人才培养目标，继续深化"2+1"工学结合人

才培养模式改革。参照就业岗位任职要求，校企共同制订专业人才培养方案；将职业资格标准融入教学内容；引入企业新技术、新工艺，校企合作共同开发专业课程和教学资源；将学校的教学活动和企业的生产过程紧密结合，灵活调整教学周期，学院、专业和企业共同完成教学任务，突出人才培养的针对性、灵活性和开放性。

5. 形成课程体系，深化课程改革

根据专业面向的特定"服务域"，围绕核心岗位的工作领域构建专业核心课程，按照核心岗位涉及的工作内容确定课程内容，形成"四平台八模块"课程结构体系。

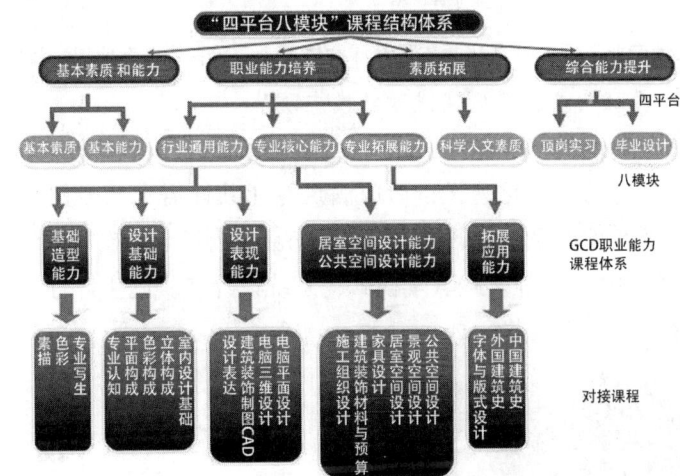

"四平台八模块"课程结构体系

6. 服务行业需求，强化职业素养教育

引入国际标准、国家标准、行业标准、企业标准制定课程标准，把社会主义核心价值观和优秀的企业文化融入人才培养全过程，提高学校德育工作的针对性和实效性，强化职业道德和职业精神培养，设计以职业素质为核心的养成教育系统和以职业技能为核心的实践教学系统，促进学生知识、技能、职业素养协调发展；根据人才需求的变化调整课程内容，引入企业优质课程资源，校企共同开发课程，共建教学实践环境。积极实施"教学做一体化"教学模式改革，使校企合作课程的开发、实施、评价形成合理的模式，强化高素质人才的培养。

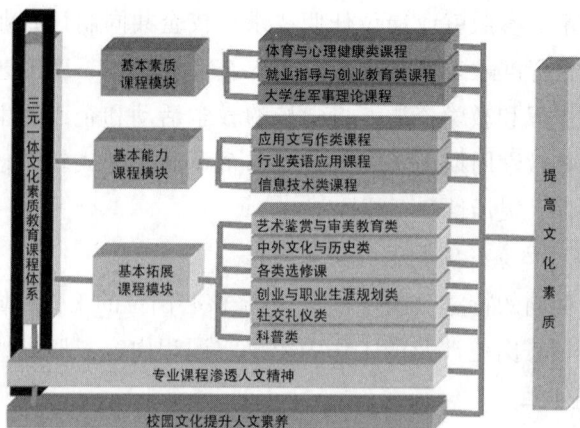

环境艺术设计专业三元一体文化素质教育课程体系——公共课、专业课、校园文化建设

7. 提高教育质量，抓好实践教学模式改革

按照实训基地的功能定位，通过"模块化"和"项目化"的形式，开展实训教学内容的系列化建设，形成满足专业共性需求与专门化需求的校内外相结合的实训体系，实现优质资源的充分利用与高效共享。积极探索"校中厂""厂中校"等实践教学模式，系统设计、实施生产性实训和顶岗实习，推动专业教学改革。

课程建设指导思想——"四度"原则：
课程内容与职业岗位的契合度
理论内容与实践内容的整合度
学生学习特性与课程实施的吻合度
考核形式与学习方式的匹配度

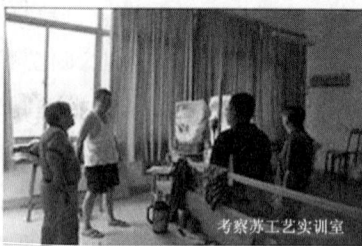

校企合作教学做一体化改革课程"居室空间设计"

8. 开展"双师教育"，打造专业教学团队

加快建设"双师"结构专业教学团队，积极鼓励教师参与企业技术应

用、新产品开发、社会服务,聘用行业内有影响力的专家作为专业带头人。加大教师培养培训力度,完善专业教师到对口企事业单位定期实习制度,提高专业教学水平和实践能力,提升"双师"素质。"十三五"期间,正式聘任(聘用)1名以上具有行业影响力的专家作为专业带头人,专业教学团队中具"双师"素质的专业教师达到90%,企业兼职教师所承担的专业课学时比例达到35%,专任教师每2年进企业的时间累计不少于3个月,与企业联合建设"双师"培训基地,建成校级优秀教学团队2个。

环境艺术设计专业校内专任教师核心团队成员名单

姓名	职称	专业领域	教学任务	校外职务
李杰	副教授、CAD高级培训师	环境艺术设计	主讲专业认知,负责社会实践指导	镇江市设计艺术家协会副主席
陈权	副教授、二级美术师	美术	主讲专业素描、专业色彩	中国美术家协会会员
姜雪琴	副教授	艺术设计	主讲设计基础理论与运用	
曹屹	讲师、CAD高级培训师	环境艺术设计	主讲公共空间设计、景观空间设计,负责社会实践指导	镇江市设计艺术家协会委员
刘佳	讲师、CAD高级培训师	家具艺术设计	主讲家具设计制造理论与实践指导	镇江市设计艺术家协会会员
张琳	讲师、CAD高级培训师	环境艺术设计	主讲软件技术实践指导	镇江市设计艺术家协会会员
孟婷	讲师、CAD高级培训师	室内艺术设计	主讲居室空间设计理论与实践指导	镇江市设计艺术家协会会员
房荣	讲师	艺术设计	主讲设计基础理论与运用	镇江市设计艺术家协会会员
马小川	讲师	环境艺术设计	主讲景观空间设计,负责社会实践指导	镇江市设计艺术家协会会员
王蕴一	助教	室内艺术设计	主讲室内外空间表现技法,负责社会实践指导	镇江市设计艺术家协会会员

9. 优化教学资源建设,提高信息化手段应用水平

围绕核心专业与相关专业,按照校企联合、共建共享、边建边用的原则,以现代信息技术为支撑,建设涵盖教学设计、教学实施、教学评价的数字化专业教学资源库,满足专业建设共性需求,实现优质资源共享,为

师生、企业和社会学习者提供资源检索、信息查询、资料下载、教学指导、学习咨询、就业支持、人员培训等服务；建成 1 个具有一定规模用户群，可持续发展的共享型专业教学资源库，建成 1 个共享型艺术教学资料库。

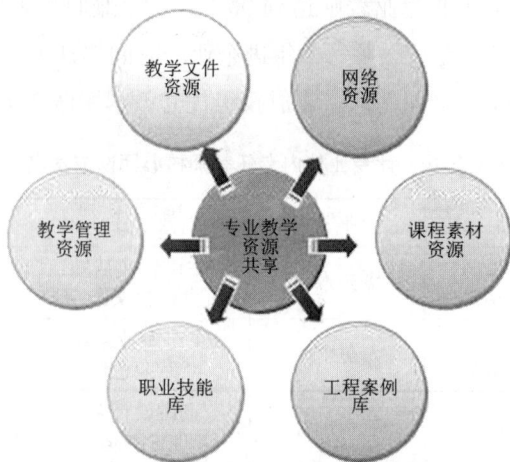

专业教学资源建设模式

10. 夯实教学管理，提高人才培养质量

加强教学管理目标考核工作，增强专业负责人的自主性和责任性，引入行业企业参与质量评价，将毕业生就业率、就业质量、企业满意度、创业成效等作为衡量人才培养质量的重要指标，每年对专业人才培养进行水平评估，提高人才培养质量。

环境艺术设计专业 2018—2020 年就业率、签约率统计一览表

年份	毕业人数/人	就业人数/人	签约人数/人	就业率/%	签约率/%
2018	35	34	32	97.1	91.4
2019	34	33	33	97.1	97.1
2020	36	36	36	100	100

重点成果

（一）名师团队建设

环境艺术设计专业根据"百年大计，教育为本；教育大计，教师为本"的思想，努力培养了一批师德高尚、业务精良的名师，提升了整个教学团队的教学水平。

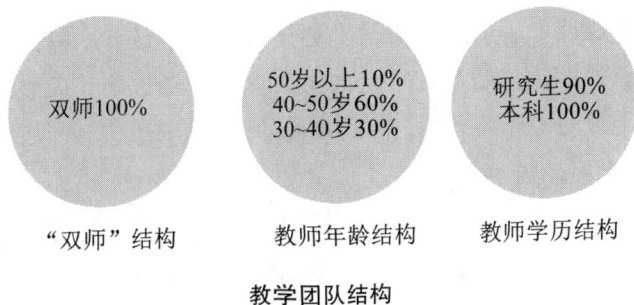

双师100%

"双师"结构

50岁以上10%
40~50岁60%
30~40岁30%

教师年龄结构

研究生90%
本科100%

教师学历结构

教学团队结构

（二）名师课程建设

多年以来，环境艺术设计专业注重通过课程建设，引领教学改革、提升名师素质，逐步推进建设了一批核心课程，也因此培养了一批名师成为专业发展的核心力量。

环境艺术设计专业精心组织优质师资团队，积极开展各类与课程体系改革相关的课题研究，以丰富的课程建设提升课程体系改革质量，组织申报了校级精品课程建设项目"居室空间设计"，完成重点课程"立体构成""居室空间设计"建设。目前，本专业的课程建设成果主要有"立体构成"（校级一等奖）、"平面构成"（校级二等奖）、"广告策划与创意"（校级三等奖）、"包装装潢设计"（校级三等奖）及"素描"（校级三等奖）等。

名师课程建设（部分）

课程名称	主持人	成果
立体构成	李杰	校级重点课程建设一等奖
平面构成	谈放	校级重点课程建设二等奖
平面构成	赵群	校级精品课程建设二等奖

课程名称	主持人	成果
居室空间设计	李杰	校级重点课程建设二等奖、 校企合作教学做一体化建设项目、 校级精品课程建设项目
色彩构成	蒋纯利	校级重点课程建设二等奖
装饰艺术设计专业	李杰	校企合作一体化建设项目

（三）优秀学生工程培育

环境艺术设计专业全面落实"立德树人"根本任务，以优秀学生工程培育为重要抓手，让一批具有一定潜力的学生在经过培养后脱颖而出，成为其他学生学习的榜样和标杆，从而提升学生培养质量。

（四）重点教材开发

环境艺术设计专业已有《色彩构成》《立体构成》等 8 种教材正式出版发行，其中，教师赵群主编的《色彩构成》为校级精品教材，蒋纯利主编的《立体构成》获得学校教材评比二等奖，蒋纯利、赵群和田瀚共同编写的《色彩构成》被列入"十一五"国家规划教材。

杰出校友

赵羽　男，1979 年 5 月出生，江苏镇江人，2000 年 7 月毕业于镇江高等专科学校艺术设计学院（原中文艺术系），镇江市文联文艺新秀培养工程第二期文艺新秀、江苏省摄影家协会会员。获首届全国数码摄影大赛二等奖、第二届全国数码摄影大赛三等奖，在江苏省、镇江市各类摄影比赛中

赵羽

屡屡获奖，百余幅作品发表在《中国摄影报》《人民摄影》《摄影之友》等专业摄影杂志和报纸上。2007 年成立镇江麦子广告传媒有限公司，秉持"传形达意，尽善尽美"的设计理念，为政府、学校、企事业单位等重大活

动提供画册、VI、商业摄影、包装、展览展示等设计摄影服务，在业界树立了良好的口碑。2016年4月创立了江苏麦肯数字印刷有限公司，为政府、企事业单位提供优质高速的数字印刷服务。2016年，其数字印刷作品在全国数字印刷大赛上获得了创新类铜奖。2017年，赵羽获得国际色彩协会和泛太克（中国）有限公司联合推出的色彩管理工程师证书，是镇江广告设计及印刷行业中第一个研究色彩管理和拥有此证书的工程师。

张林　男，1989年5月20日出生，江苏南通人，2010年毕业于镇江高等专科学校艺术设计学院（原中文艺术系），现为镇江三石装饰设计工程有限公司法定代表人、丹阳温创科教设备有限公司法定代表人。2010年成为北京华润置地的深化设计师，2013年晋升为项目部设计主管。在职期间参加的项目有北京大兴公元九里精装修项目及售楼处项目、北京华润万象城项目、北京华润橡树湾项目、北京华润润西山项目、北京华润五彩城项目、海南艾美酒店三期项目、石家庄万象城项目等。2015年4月回镇江创立了镇江三石装饰设计工程有限公司，至2018年5月，公司业绩总额已

张　林

有2300余万元。同时进入教育装备行业，成立了丹阳温创科教设备有限公司，主要业务有中小学多媒体设备布置、智能化校园建设、办公家具采购。

王长江　男，1978年8月出生，江苏徐州人，2000年就读于镇江高等专科学校艺术设计学院（原中文艺术系）装潢艺术设计专业。在校期间学习成绩优良，尤其是在专业设计方面表现出很强的能力，担任班长职务，积极组织并参与学校的各项活动，具有较强的组织和协调能力。2003年毕业后，就业于镇江先创信息技术服务有限责任公司，从事网络信息传播设计、策划等工作，在网站建设、网络编辑和策划等方面具有多年实践工作经验。其间，他将所学的专业知识结合到专业设计与业务管理工作中，积极学习和

王长江

探索经营管理方面的知识，工作业绩突出，表现出很强的管理才能。曾先后担任镇江先创信息技术服务有限责任公司常务副总经理，"名城镇江网"总编辑、"金山网"副总编辑、镇江报业网络传媒有限公司副总经理、镇江市名城网络传播有限公司总经理，现为镇江《金山》杂志社副社长、镇江文学艺术研究院副院长。

会计专业文化

专业背景

会计是世界上最古老的职业之一，是人类社会发展到一定阶段的产物。这里所说的"一定阶段"，可理解为"有了经济活动"。有了经济活动，无论有没有产品剩余，人们都需要记录、计量和核算，因此，会计起源于经济活动，经济孕育了会计，"经济是会计之母"。

会计作为通用的商业语言，通过特有的概念、方法和流程，对经济业务信息进行提取、加工和表述，反映企业资产运营和盈利状况。也就是说，从本质上看，会计是"一个以提供财务信息为主的经济信息系统"，它把商业活动的财务数据纳入系统，通过汇总处理，形成财务报表，使用者通过财务报表便可了解企业的资产情况，从而做出相应的决策。

（一）中国会计发展历程

中国会计的历史源远流长，早在原始公社制时代，人们已用"刻契记数"和"结绳记事"等方法反映渔猎收获数量及其他收支情况，这是最原始的会计活动。随着社会经济的发展，官厅会计产生并得到初步发展。西周时期，"会计"一词就已出现，并且出现了文字叙述式的"单式记账法"，设置了专门负责会计工作的"司会"官职，它与专门负责财物保管工作的"小宰"官职有明确分工。会计部门内部设"司书""职内""职岁""职币"四种官职，分别执掌财务与出纳。周朝还制定了一些财计管理制度，如收支报告制度、交互考核制度，以及宰夫所行使的就地稽查制度等。战国至秦汉时期，官厅财计组织从中央到地方已初步构成了经济管理系统。汉代，萧何入关中后四处搜集秦图籍（实则是搜集天下财富记录簿），张苍因此担任计相（总管四方贡赋和国家财政的副宰相）。汉武帝在位时，因战争耗资巨大，派桑弘羊、孔仅出面筹措国用。以"编户制度""上计制度"及国家财政收支和皇室收支分别管理制为主干的财计制度的建立，以"入、出"为记账符号，以"上入下出"为基本特征的"单式入、出记账法"的形成，奠定了中式会计方法的基础。唐宋时期，相当科学的会计结算方法"四柱结算法"产生并得到完善；明末清初，民间出现了可以核算盈亏的"龙门账"；清朝又产生了"四脚账"。这些构成了古代中式会计的鲜明特色。20世纪初，借贷记账法传入我国，随后我国又吸收英美会计制度精华，

文化润校 专业文化塑校园

046

推行现代会计,促进中式簿记改良并开展了一系列会计改革运动,这是我国会计史上的第一次变革。

《中华人民共和国会计法》的颁布,是我国第一次用法律的形式对会计核算、会计监督、会计机构和会计人员、会计法律责任等做出规定。"两则两制"("两则"是指《企业会计准则》和《企业财务通则》,"两制"是指13个行业的会计制度和10个行业的财务制度)的出台实施,使沿用几十年的会计管理制度和会计核算模式发生了根本性变革,初步与国际惯例接轨。

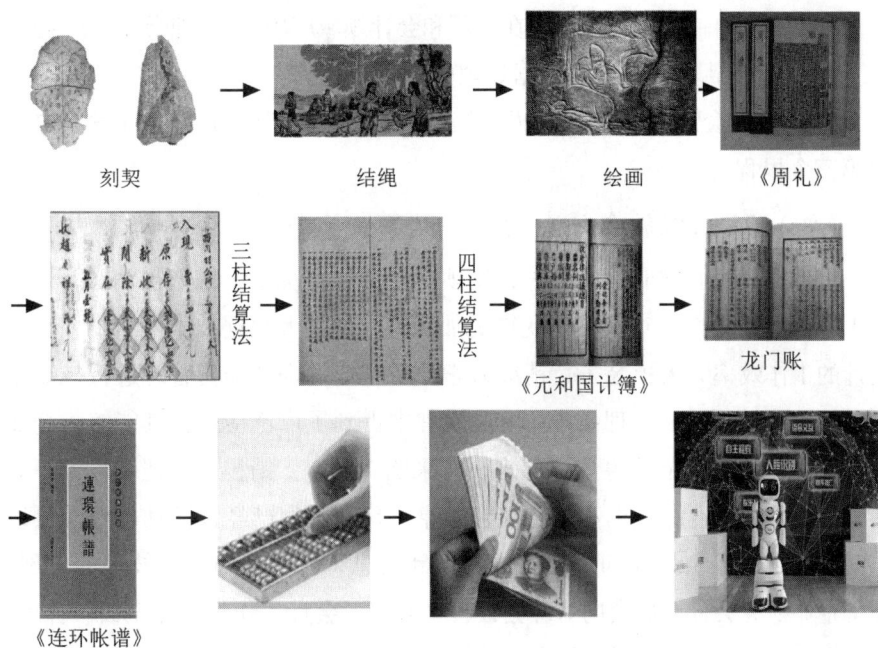

刻契　　　　　结绳　　　　　绘画　　　　　《周礼》

三柱结算法　　　　　四柱结算法　　　　　龙门账

《元和国计簿》

《连环帐谱》

记账方法和记账手段的演变过程

(二) 国外会计发展历程

会计的产生和发展在欧洲主要有以下几个标志:

(1) 公元前 630 年,铸币在希腊出现,并应用于账簿之中。这便是"货币计量"思想的萌芽。

(2) 集中于庄园的古老的委托-代理关系,即管家向庄园主呈交汇报业绩并解除责任的"述职报告"。

(3) 1494 年产生的意大利复式簿记,标志着近代会计的产生,是会计发展史上的第一个里程碑。

（4）1854 年在英国苏格兰成立的会计师协会——爱丁堡会计师协会，是会计发展史上的第二个里程碑。

（三）现代会计的标志

一般认为现代会计是从 20 世纪 30 年代开始的，主要标志如下：

（1）现代会计阶段实现了簿记到会计的转变。

（2）以 1939 年第一份美国公认的会计原则《会计研究公报》的出现为起点。

（3）"泰勒制"等管理学科在工厂和会计领域应用，"管理会计"产生。

（4）电子计算机在会计数据处理中应用。

（5）管理会计的产生和电子数据处理会计的出现，成为会计发展史上的第三个里程碑。

（四）21 世纪的会计走向——财务会计向管理会计转型升级

大数据和互联网时代的到来，使烦琐复杂的传统手工做账被淘汰。用软件来进行会计核算和对账工作变得更加普遍，加上大数据技术的帮助，财务会计的工作效率大大提高了。精准科学地对企业的生产经营管理进行规划不再是纸上谈兵，ERP 管理系统在企业管理中得到了广泛应用，其能够将企业的各个生产经营环节统筹集中起来，将采购、生产、销售、管理及财务等囊括其中，使得企业的数据和信息能够共享，且随着生产经营活动的变动可以实时更新，以提供最新和最准确的数据和信息。互联网和信息技术的发展，使得企业财务会计必然会向管理会计转型升级。会计工作将更加全面、合理，将为企业管理和决策提供更加专业的数据和信息服务。

专业精神

2001 年 10 月 29 日，时任国务院总理的朱镕基视察北京国家会计学院后，题字"诚信为本，操守为重，坚持准则，不做假账"。这是朱镕基对会计工作提出的要求，也是会计人员的基本职业道德和行为准则。会计工作的根本要求是"真"，即要求会计数据真实、可靠、可信，绝不弄虚作假。真实、可靠的会计信息是企业科学管理和政府宏观经济决策的依据；虚假的会计信息必然造成决策失误、经济秩序混乱。被誉为"中国现代会计之父"的潘序伦先生倡导"信以立志，信以守身，信以处世，信以待人，毋忘立信，当必有成"的立信会计精神。他认为，"立信"是做人的重要准则，同时也是会计人员安身立命的最根本的职业道德。他把信用看成会计事业的生命线，即"立信，乃会计之本，没有信用也就没有会计"。如果一个人失去信用，就会弄虚作假，徇私舞弊，以致身败名裂，更为严重的是会危害他人，给社会和国家造成不可估量的损失。会计人员应当始终如一，保持良好的信誉。因此，"诚信为本，操守为重，坚持准则，不做假账"是镇江高等专科学校会计专业的专业精神。

"诚信"是社会主义核心价值观的要义之一，为实现中华民族伟大复兴的中国梦，以习近平同志为核心的党中央高度重视诚信建设。党的十八大报告中对诚信建设提出了具体要求，指出要深入开展道德领域突出问题专项教育和治理，加强政务诚信、商务诚信、社会诚信和司法公信建设，并将"诚信"明确提升到社会主义核心价值观层面，为我国社会信用体系建设指明了方向，也对我国企业信用体系建设提出了新任务、新目标、新举措。

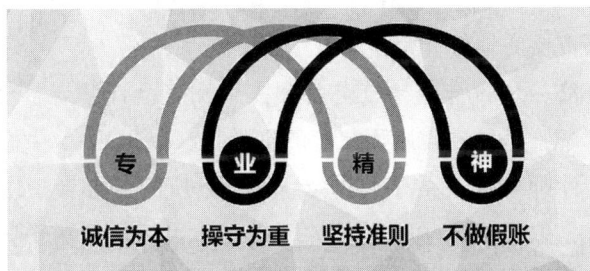

专　业　精　神

诚信为本　操守为重　坚持准则　不做假账

镇江高等专科学校会计专业的专业精神

"诚信"是会计从业人员的首要准则。《中华人民共和国会计法》规定，各单位必须根据实际发生的经济业务事项进行会计核算，填制会计凭证，登记会计账簿，编制财务会计报告。在处理会计业务时，从原始资料的取得、凭证的整理、账簿的登记、报表的编制，到经济活动的分析，都要做到实事求是，不为他人所左右，更不能为牟取私利而弄虚作假。会计人员是否能坚持诚实守信的道德观念，将直接影响会计信息的真实性和完整性。可以说，"诚信"是会计从业人员所要遵守的底线，在当今高速发展的经济社会中尤其重要。

代表人物

纵观会计的发展历程，对世界会计发展影响深远的主要有意大利的卢卡·帕乔利，对我国会计发展有杰出贡献的主要有谢霖和潘序伦。

卢卡·帕乔利（1445—1517 年） 现代会计之父，1445 年出生于意大利托斯卡纳地区的一个名叫博尔戈·圣塞波尔罗的小镇，26 岁时，他离家远游，并在威尼斯找到一份家庭教师的工作，在威尼斯一待就是 6 年。在此期间，他接触并了解了威尼斯簿记，并逐渐对其产生了浓厚的兴趣，这为他后来在会计学上的杰出贡献打下了基础。1494 年，帕乔利出版了多年的心血结晶——《算术、几何、比及比例概要》，又称《数学大全》，其中，部分篇章对复式簿记方法进行了完整、详细而系统的论述，这是人类最早关于复式簿记的有划时代意义的文献，是最早出版的论述 15 世纪复式簿记发展的总结性文献，集中反映了 15 世纪末期威尼斯的先进簿记方法，从而有力地推动了西式簿记的传播和发展。这部著作宣告了中世纪会计的结束和近代会计的开始，卢卡·帕乔利在会计史上具有与但丁在文学史上、贝多芬在音乐史上同等重要的地位。

谢霖（1885—1969 年） 江苏常州人，知名会计学者，会计改革实干家和会计教育家，是我国会计师制度的创始人，是国内第一位注册会计师，也是第一家会计师事务所——正则会计师事务所的创办者。1909 年毕业于日本明治大学，取得商学学士学位，历任大清银行（后为中国银行）总司账、交通银行总会计等职，并先后任复旦大学会计系主任、光华大学会计系主任、光华大学成都分校副校长等。其学术研究涉及簿记学、银行会计、成本会计、政府会计等多个领域，撰写会计相关论文 30 余篇，独著或与他人合作撰写教材、专著等 30 余部。他创办正则会计补习学校，培养了大批会计人才，具有首创精神，堪称楷模。

潘序伦（1893—1985 年） 江苏宜兴人，会计学家、教育家、会计实务专家和会计实业家，现代会计"产学研"一体化的拓荒者，会计诚信文化的首倡者，被誉为"中国现代会计之父"。1921 年他被保送哈佛大学，先后获哈佛大学企业管理硕士学位、哥伦比亚大学经济学博士学位。历任上海商科大学（现上海财经大学）教务主任兼会计系主任和上海暨南学校

（现暨南大学）商学院院长等职，致力于西式簿记的引介与推广。他创立了会计教育、会计出版、会计实务"三位一体"的立信会计事业模式，相继创办了上海立信会计专科学校（现上海立信会计金融学院）、立信会计出版社、立信会计师事务所。独自或与他人合作撰写论文 90 余篇、著作 30 部、译著 17 部。

专业沿革

镇江高等专科学校会计专业创建于 1983 年，积累了丰富的专业教学经验，是江苏省高职高专老牌专业。近 40 年来，已培养了 1 万多名大专毕业生；先后与苏州大学、江苏大学、南京财经大学、江苏科技大学联合办学，培养本科学生 500 多人，为社会各行各业输送了大批优秀的技术技能型会计专门人才，为镇江市及江苏省地方经济社会发展做出了积极的贡献。

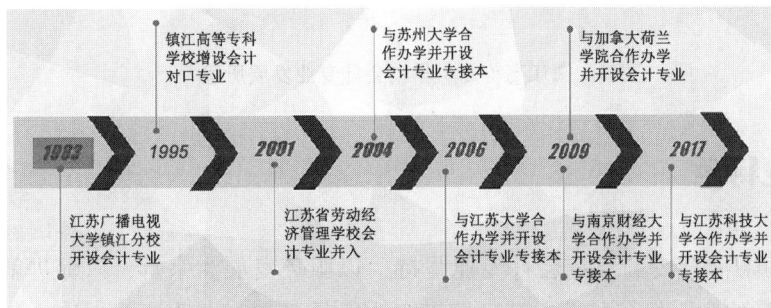

镇江高等专科学校会计专业合作办学情况

随着经济社会发展对会计人才需求的变化，会计专业不断发展。1978 年十一届三中全会后，中国开始实行对内改革、对外开放的政策，经济迈入了快速发展的轨道，经济越发展，会计越重要，对会计人才的需求也就越大。1983 年，江苏广播电视大学镇江分校首次开设了会计专业。1995 年，镇江高等专科学校增设会计对口专业。

为了适应国家经济建设和社会发展对复合型人才的需求，进一步深化教育教学改革，推动继续教育的健康发展，根据中华人民共和国国家教育委员会（现更名为中华人民共和国教育部）《关于各类成人高等学校举办第二专业专科学历教育的实施意见》（教成字〔1993〕17 号）的精神，镇江高等专科学校在 2003 年增设了会计和文秘双专科，2004 年增设了会计和法律双专科。双专科是指学生在 4 年内完成两个专科学习计划，取得规定毕业总学分者，可获得"双专科"毕业证书，可享受本科毕业生部分待遇。

随着大数据和互联网时代的到来，企业财务会计面临巨大的机遇和挑战。传统企业财务管理中的财务会计和管理会计职能分权管理不一的局面被日益多变的市场和竞争环境打破，财务部门和生产经营管理要深层次融合，淘汰传统的管理模式。为了更好地优化企业管理，统筹企业资源，就必须促使企业财务会计向管理会计转型升级。基于这样的背景，镇江高等专科学校在 2017 年新增了财务管理专业。

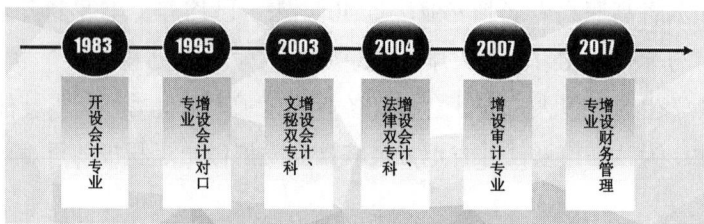

镇江高等专科学校会计专业发展历程

专业特色

镇江高等专科学校会计专业坚持"以服务发展为宗旨，以促进就业为导向"的职业教育办学方针，探索职业岗位要求与专业培养方案有机结合的途径和方式，形成了"岗课证融合、教学做一体"的特色人才培养模式，建立了"五对接"校企合作机制，人才培养成绩显著。

（一）构建"1355"会计专业实践教学体系

"1355"会计专业实践教学体系，即"一条主线，三个层次，五个环节和五个载体"。该实践教学体系主要围绕"实践动手能力和综合职业能力"这条主线，确立"基础技能、岗位技能和创新技能"三个层次，突出"专业认知—职业体验—跟岗实践—轮岗实训—顶岗实习"五个环节，利用"实训课程、社会实践、专业社团、创新创业、技能竞赛"五个载体，实施综合性、全方位、立体化的实践教学。学校从第一学期开始每个学期都为学生安排一次为期 1~4 周与行业企业接触和现场学习实践的机会，工学交替的循环学习，使学生具备一定基本技能后再进入企业进行顶岗实习，努力使专业知识学习体系化、专业技能培养过程化，循序渐进，满足行业企业对人才规格和质量的需求。

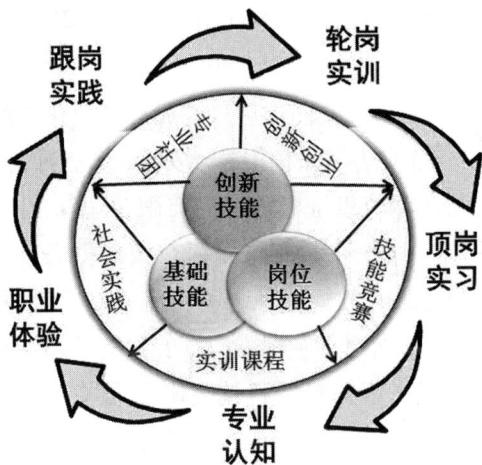

"1355"会计专业实践教学体系

（二）产教融合更加深入，拥有"立体化"校内外实训基地

学校与企业联合建设校内外实训基地，将实践教学、职业技能训练与鉴定考核、职业资格认证及职业素质培养等一体化。会计专业建成 2 个"校中厂"，新增 30 个校外实训基地，建成 2 个"厂中校"。构建由简单到复杂、由单项到综合、由封闭到开放、由专业纵深到横向拓展的立体化实践教学体系。借助教学实训平台，以真实的会计核算环境为背景，建设具有职业氛围、实践特点和企业文化的实训环境，实训条件达到国内一流水平。

2016 年，学校与镇江易达财务咨询有限公司（简称"易达"）在会计专业建设、课程设置与教学、教材编写、实习实训、师资互聘、员工培训、科技攻关、学生就业、教师到企业挂职锻炼等方面进行了全方位的深度合作，建立了镇江易达财务咨询有限公司会计人才冠名班（会计 D15 易达班）。学校提供场地、实训设备，安排教师和学生，易达提供财务软件和安排技术人员，在学校建设真实的业务核算部门和实习部门，共建"校中厂"（易达实验班、易达会计工作室）；易达提供场地、设备和安排技术人员，学校的教师、学生和技术人员共同完成教学任务，为实现学生"零距离"上岗奠定基础，共建"厂中校"（易达实操班）；为企业实行订单式培养，在满足专业教学的同时，根据企业人才特殊技能需要调整相应课程，学生毕业后直接进入企业工作，为学生就业拓宽途径（易达顶岗班）；在员工培训和"产学研教"上进行纵深交流，学校利用软硬件教学资源，根据企业需求，为企业提供员工培训、技能考证培训等培训服务；学校组织优秀专业教师开展科技攻关、技术咨询、课题研究等工作，双方积极搭建专业教师和技术骨干交流合作的平台，共同促进科技成果产业化；落实"走出去，请进来"政策，邀请3名企业专家来校指导，安排5名教师去易达挂职锻炼等。

2017年，学校与江苏新思维财务咨询有限公司深度合作，共同打造实践教学平台，为会计向财务管理方向转型升级提供条件。通过双方合作，学生和教师接触到先进的财务管理理念，为完善专业教学课程体系提供了依据，为会计专业的学生向财务管理方向发展创造了条件。

2019年，学校与广州市福思特科技有限公司共建会计综合实训中心，进一步强化实践教学环节。该中心包括四个功能区：一是财税一体化综合训练区。该区以企业财务部为核心，模拟企业工作场景和对应的实操业务设置仿真企业岗位；以企业筹建期、经营期的全过程业务为主线，将企业财务部门各职能岗位有机结合，设置仿真企业业务流程；通过模拟企业实际，让每个学生都能体验到对应的"职业角色"。二是政务大厅和创新创业基地。为了辅助企业正常运营，实训室设置了企业经营全过程中涉及的外部实体单位，如工商局、税务局、银行、社保局、质监局、会计师事务所等。同时利用政务大厅的硬件设施建立了校内创新创业基地，为校内学生入孵项目提供政策咨询、管理咨询、项目孵化、技能培训、资源对接等服务，协助学校组织策划创业培训、创客交流、创新创业大赛等大型活动。三是会计人工智能体验区。通过会计文化的建设，营造浓厚的文化育人氛围，帮助学生树立良好的职业观念及正确的人生观、价值观，始终保持对会计工作的热情。四是投资理财区。该区主要用于开展证券投资训练、理财模拟训练，培养学生掌握理财产品营销、证券交易、证券投资实盘操作、理财规划、证券投资咨询等工作岗位所需的专业知识和实务操作技能。

（三）借助超星、智慧云等网络平台，采取混合式动态教学模式，实施精准教学

以智慧校园为支撑，开展泛在学习和混合教学，大力推动信息化教学改革，推进"课堂革命"，真正实现信息化带动教学现代化。通过"在线课

程""翻转课堂""微课"等教学模式，将"案例教学""问题教学""启发式""讨论式""研究式""任务驱动式"等多种教学方法精准融入整个教学过程中，将理论教学、现场教学和实践教学有机结合，提高学生的学习兴趣，培养学生自主学习的能力。会计专业开展"混合式"教学模式实践活动，建设"线上线下"一体信息化教学资源，推进信息化教学改革，将通识课程与专业教育有机融合。目前，会计专业共建设 18 门在线课程，其中，通识课程 7 门、专业课程 11 门，每门课程都录制了至少 20 个微视频，这些在线课程资源能满足学生自学的需求，实现在线学习，并引导学生利用优质资源进行泛在学习。

重点成果

学校在建设会计品牌专业过程中不断深化教育教学改革，积极探索人才培养的新途径，努力提高教学质量。会计专业团队成员积极开展教育教学研究，近几年来取得了丰硕的教科研成果。

会计专业科研课题汇总表

序号	项目时间	项目、课题名称	项目来源或类别	主持人
1	2017 年 2 月	镇江新区国有企业财务化路径研究	横向课题	陈媞
2	2017 年 9 月	中小企业绩效相关问题研究	校级课题	许丽
3	2017 年 11 月	基于在线教学的会计核心课程群联动型教考体系设计及配套改革	校级课题	张佳佳
4	2017 年 11 月	基于"一体两翼"能力素质体系下的"企业财务会计实务"课程教学改革	校级课题	朱雪峰
5	2017 年 11 月	校企合作模式下会计专业实训平台构建	校级课题	许丽
6	2017 年 11 月	中小企业管理会计应用指引体系建立研究	厅级课题	王旭
7	2018 年 3 月	"企业财务会计实务"课程	校级课题	朱雪峰
8	2018 年 6 月	变革型领导对长三角地区中小企业团队绩效影响的研究	厅级课题	许丽
9	2018 年 6 月	基于网络文本挖掘的证券投资者情感词典构建及情感倾向性研究	厅级课题	杨峥嵘

序号	项目时间	项目、课题名称	项目来源或类别	主持人
10	2018 年 11 月	"2+0.5+0.5"工学交替人才培养模式	省级课题	朱冬林
11	2019 年 7 月	镇江中小企业"专精特新"发展模式与培育路径研究	市级课题	王旭
12	2020 年 4 月	镇江产教融合路径研究	镇江市委党校课题	朱雪峰
13	2020 年 4 月	镇江民营经济高质量发展研究	镇江市委党校课题	许丽
14	2020 年 5 月	镇江市企业财税政策创新激励效应评价及提升研究	镇江市科技局	王旭
15	2020 年 7 月	会计专业"1+X"证书制度下人才培养、教学改革研究	校级课题	朱雪峰
16	2020 年 7 月	会计专业"课程思政"先进教学团队	校级课题	朱雪峰
17	2020 年 9 月	互联网金融背景下镇江市中小企业融资路径研究	镇江市哲学社会科学界联合会	许丽
18	2020 年 11 月	中小企业绩效管理研究	江苏迪我思管理咨询有限公司	许丽

学生各级各类竞赛获奖情况汇总表

序号	获奖时间	竞赛项目	获奖等级	指导教师
1	2013 年 4 月	江苏省高职院校会计技能大赛	团体一等奖	王旭、吴志坤
2	2013 年 6 月	全国高职院校会计技能大赛	团体三等奖	王旭、吴志坤
3	2014 年 4 月	江苏省高职院校会计技能大赛	团体一等奖	王旭、吴志坤
4	2015 年 4 月	江苏省高职院校会计技能大赛	团体二等奖	朱雪峰、吴志坤
5	2016 年 3 月	江苏省高职院校会计技能大赛	团体二等奖	朱雪峰、吴志坤
6	2017 年 3 月	江苏省高职院校会计技能大赛	团体二等奖	朱雪峰、吴志坤
7	2017 年 11 月	"武进人才杯"江苏省第十二届大学生职业规划大赛	一等奖	戴宁
8	2018 年 3 月	江苏省高职院校会计技能大赛	团体三等奖	朱雪峰、朱冬林
9	2018 年 10 月	"学创杯"全国大学生创业综合模拟大赛总决赛	特等奖	陈庆苓

序号	获奖时间	竞赛项目	获奖等级	指导教师
10	2019 年 11 月	第九届全国涉外会计岗位技能大赛"工业企业会计手工账务处理"竞赛项目	团体三等奖	朱雪峰
11	2019 年 11 月	第九届全国涉外会计岗位技能大赛"涉外企业会计手工账务处理"竞赛项目	团体三等奖	朱雪峰
12	2020 年 11 月	第四届全国高职院校"网中网杯"审计技能竞赛	团体三等奖	祁美云
13	2020 年 11 月	2020 年"衡信杯"全国高职云端税务技能大赛预选赛华东赛区	团体一等奖	祁美云
14	2020 年 11 月	2020 年"衡信杯"全国高职云端税务技能大赛总决赛	团体三等奖	祁美云

杰出校友

周晓军　男，江苏连云港人，1993 年毕业于镇江高等专科学校管理系会计专业，现任江苏纳福投资发展有限公司、连云港开发区人力资源开发有限公司董事长。毕业几年后，他注册创立了人力资源管理公司，并不断学习，取得了 MBA 学位证书，公司也由小到大，于 2001 年成立连云港开发区人力资源开发有限公司。公司的主营

周晓军

业务从初期的劳务派遣、委托招聘、人事代理等已发展成为以外包为主的多元服务结构，其中包含人事外包、劳务外包、生产外包、机械外包、中高级人才搜寻、职场培训、人力资源战略咨询等多个服务模块。公司目前是拥有十余个分支机构、百余人的专业资深服务团队。作为连云港市乃至苏北地区人力资源的标杆企业，公司秉持"纳贤才、促就业、福社会、促和谐"的企业精神，以促进人力资源合理配置为要务，积极为劳动者和企业建立纽带，促进培训和就业。通过不懈的努力，公司每年培训和实现就业万余人，凭借这一突出贡献，公司被国务院授予"全国就业先进企业"

荣誉称号。

王劲 男，1987年4月出生，江苏淮安人，毕业于镇江高等专科学校管理系会计专业，现自主创建母婴坊，任总经理。2008年4月—2010年5月，在江苏镇江正恺电子有限公司和镇江华坚电子有限公司先后担任深圳办事处业务员、浙江区销售经理、华南大区销售经理，负责射频连接器产品销售业务。2010年5月—2012年1月，在南京慧眼投资管理有限公司先后担任财务总监助理、无锡市市场办事处总账会计、审计部副部长。2012年1月，在江苏淮安创建母婴

王劲

坊，主营业务是孕产妇食品与用品及产后营养护理服务，婴幼儿奶粉与用品及成长健康服务，现在已经发展成为拥有4家直营店、13家加盟店的婴幼儿连锁品牌，成为多家婴幼儿品牌的涟水县唯一指定经销商。

吴怡辛 女，1991年12月出生，2012年毕业于镇江高等专科学校管理系会计专业，现在浙商证券私募投行部担任高级项目经理。2012—2015年，在中国银行做实习生，3年多时间里从柜台到个贷部、公司部等部门轮岗，积累了一定的工作经验和企业资源。从中国银行离职后，通过不间断地学习，她考取了证券从业资格证、基金从业资格证。2016年在浙商证券私募投行部担任高级项目经理，主要业务是为上市公司融资，帮助上市公司和政府平台发行债券。

吴怡辛

电子商务专业文化

专业背景

随着互联网的大规模普及，电子商务热潮正席卷全球，成为各行各业竞争的焦点。电子商务是一场商业领域的根本性革命，它在改变商务活动方式和人们消费方式的同时，也在改变企业的经营管理方式。

（一）电子商务的含义

电子商务作为一个完整的概念出现于 20 世纪 90 年代初。20 世纪 80 年代末，发达国家对 EDI（electronic data interchange，电子数据交换）的应用业已形成规模，引发了全球范围的"无纸贸易"热潮。与此同时，EDI 的大范围应用促进了与商务过程有关的各种信息技术在商业、制造业、基础工业及服务业的广泛应用，并从单一技术使用发展到相互补充、相互连接的整体应用，实现了商务运作全过程的电子化，这就是电子商务。

电子商务不是一个单纯的技术概念，也不是一个单纯的商业概念，而是一个关于过程的概念，在过程（一次交易全过程或行政管理业务过程）中，传统的基于纸介质的数据和资料的处理、传递和存储等作业方式，被电子方式或者说被无纸技术所替代。

通常可以将电子商务理解为综合运用信息技术，以提高贸易伙伴之间商业运作效率为目标，将一次交易全过程中的数据和资料用电子方式来实现的"无纸贸易"。

电子商务是企业之间、企业与消费者之间信息内容与需求交换的一种通用术语，它运用计算机、通信及相关技术进行商业交易活动。

（二）我国电子商务应用概况

我国第一宗网络购物发生在 1996 年 11 月，购物人是当时的加拿大驻中国大使贝祥，他通过实华开公司的网点，购进了一只景泰蓝"龙凤牡丹"。1998 年 3 月 6 日，世纪互联通讯技术有限公司和中国银行合作，成功完成了国内第一笔互联网电子商务交易，这标志着中国电子商务进入实用阶段。

目前，我国的数字经济步入飞速发展的新时代。云计算、大数据、人工智能、生物识别、移动互联网、物联网、虚拟现实、区块链等新兴技术正快速、广泛地在工业、服务业和农业中应用，并成为重要的生产要素。

新技术、新模式、新业态为我国的经济发展和企业转型升级带来了新的挑战和机遇。电子商务作为数字经济中最活跃、最集中的表现形式之一，引领我国数字经济飞速发展。

2019年，中国电子商务交易规模继续呈现高速增长态势。全国电子商务交易额达34.81万亿元，其中网上零售额10.63万亿元，同比增长16.5%，实物商品网上零售额8.52万亿元，占社会消费品零售总额的比重上升到20.7%。中国网民规模已超过9亿人，互联网普及率达64.5%。电子商务从业人员达5125.65万人。

（三）我国电子商务的发展特点

作为当前数字经济中表现最活跃、发展势头最好的新业态、新动能之一，电子商务正逐步成为居民消费的主要渠道和经济增长的关键动力。

1. 迭代创新促进消费新增长

不断迭代创新是电子商务持续保持旺盛生命力的关键因素，而新技术应用和新模式推广又是电子商务创新的"鸟之双翼，车之双轮"。人工智能、虚拟现实、大数据、小程序等新技术加快应用，驱动了消费体验升级。2019年，小程序电商用户约2.4亿人。电子商务平台通过小程序深入用户社交生活与人脉圈，扩展线上销售与用户连接的触点；品牌企业通过小程序将线上平台与线下门店进行整合，打通多层级市场，扩展线上销售渠道。直播带货拓展网络消费空间，通过达人模式、店铺直播、产地直播等模式，创新线上消费方式，深度挖掘消费潜力，提升购买转化率和用户体验，成为获取流量和增加用户黏性的新渠道。

2. 品质消费成为网购新风尚

从全国网络零售市场的销售渠道和商品结构看，商品消费品牌化、品质化趋势明显。国产商品及"中国风"商品成为网络零售市场亮点。文创、智能家居、个性化定制等成为消费热点。"全球买"跨境网购消费形式加速推广至三、四线城市。

3. 跨境电商引领外贸新业态

跨境电商政策体系不断完善。国务院部署完善跨境电商等新业态促进政策。商务部建立了以"六体系两平台"为核心的政策框架，将跨境电商综合试验区的12个方面36项成熟经验做法面向全国复制推行。2019年在石家庄等59个市设立跨境电商综合试验区。

4. 市场主体积极开拓新市场

在线服务消费市场稳健增长。在线餐饮、旅游、文娱、家政、医疗、教育等多个细分领域百花齐放。根据政务大数据，2019 年全国在线餐饮零售额同比增长 12.3%。"下沉市场"成为电商增量的主要来源。

专业精神

电子商务专业是一个随着时代不断发展的专业，更需要在人才培养时融入专业精神，即将电子商务的专业精神融入所有电商专业师生的思维方式、情感态度和自觉行为中，让师生有共同遵守的核心价值观和共同的价值取向。

结合镇江高等专科学校电子商务专业的特点，电子商务专业精神为"诚实守信、惠智创新、激情创业"。

（一）诚实守信

诚信问题是电子商务的首要问题。一方面，电子商务行业的特殊性，特别容易导致欺诈行为发生，网络交易扩展了客户范畴，提升了交易效率，但是网络的虚拟性让欺诈者有了充足的发挥空间；另一方面，电子商务行业的井喷式发展导致严重的发展与监管不平衡，使诚信缺失带来的危害扩大。因此，诚信的建设是整个行业刻不容缓的任务，除了完善交易机制、建立无漏洞的信用体系外，从业人员的诚信意识也是保证电商企业"又快又好"发展的基础，倡导诚信文化为培养这方面的人才提供了保障。

（二）惠智创新

电子商务是新型交易模式的代表，不断迭代创新是其保持旺盛生命力的关键因素。直播电商、社交电商、跨境电商海外仓等模式深化创新，顺应了多元化、个性化、重视体验的消费需求。传统实体经济在数字化转型中也做出了新的探索和尝试。电子商务突出在创意、创新中谋求新的变化，这一特点要求电子商务人才具有很强的创新精神。

（三）激情创业

电子商务是非常适合创业的，其有利因素包括网店投资要求低、商品价格有优势、商品不受店面空间的制约、供需之间不存在鸿沟等。电子商务领域尤其适合经济实力薄弱的大学生创业，因为大学生对网络熟悉，对直播等新技术接受能力强。虽然电子商务创业具有优势，但是创业本身是具有高风险的。创业需要激情，需要敢于挑战，需要锐意进取，也需要谨慎，规避风险，这样才能取得真正的成功。

代表人物

自 1995 年互联网进入中国，中国互联网快速发展，在某些领域已经成为全球之冠。在中国互联网高速发展的峥嵘岁月中，有许多做出过先驱性贡献的人。

王峻涛 中国电子商务开山式人物，是真正意义上的中国电子商务之父。他一手创办的"8848"有过短暂的辉煌，在当时中国 B2C 市场的份额占据着压倒性优势。

1962 年，王峻涛出生于福建福州，1978 年越级考入哈尔滨工业大学计算机科学系计算机软件专业，1982 年获得学士学位。

1992 年，王峻涛开始自筹全部资金创办自己的企业。他从深圳辗转到福州老家办贸易公司，经营电器、图书、计算机等三四十种商品，并且一连在福建开了八十多家连锁店，生意越做越大，营业额超亿元。

1994 年，连邦软件全国销售连锁组织成立以来，他的企业每年均是全国连邦外地专卖店的销售冠军。

1999 年年初，王峻涛创办了电子商务网站"8848"，经过 1 年的发展，"8848"成为当时中国最大的电子商务网站，单月销售额达 1000 万元人民币。当时轰动全国的"72 小时生存试验"使"8848"连续几天出现在 CCTV-2 的黄金时间段，"8848"也从此作为"唯一真的可以通过在线支付买到东西"的网站闻名全国。时至今日，"8848"早已经销声匿迹，但受"8848"影响的一代人已成为当今中国电子商务行业的中坚力量。

专业沿革

（一）我国电子商务专业沿革

我国的电子商务专业教育可以追溯到 1998 年，几乎与美国卡内基梅隆大学开办电子商务专业时间同步。其发展经历了尝试期、规范期、发展期和成熟期 4 个阶段。

1. 尝试期

中国早期的电子商务专业是伴随着一批电子商务专业学者的研究而发展起来的。最初,各高校以公共选修课、专业选修课的形式开设电子商务类课程,也有少数学校在本科高年级开设电子商务班或设立电子商务方向(乃至设立电子商务研究生方向)等。

2. 规范期

为适应市场需求,使电子商务专业人才的培养规范化、规模化,教育部高等教育司于 2000 年年底和 2001 年年初分两批批准了对外经济贸易大学等 13 所高校试办电子商务本科专业。

3. 发展期

教育部从 2002 年年初开始批准第三批、第四批相关高校开设电子商务本科专业。到 2010 年,教育部共批准 339 所本科学校和 800 所专科学校开设电子商务专业。2016 年,开设电子商务专业的本科学校增至 455 所。在大力发展电子商务本科专业的同时,我国也开展了电子商务专业研究生阶段的培养工作。

4. 成熟期

根据 2012 年 9 月教育部颁布的《普通高等学校本科专业目录》,电子商务类专业由目录外专业调整为管理学一级学科下的二级学科。

(二)镇江高等专科学校电子商务专业沿革

2001 年 4 月,江苏省劳动经济学校成建制并入镇江高等专科学校。管理系迎来了一批骨干师资力量,为电子商务等新兴专业的创建奠定了坚实的基础。

2001 年,镇江高等专科学校设立电子商务专业,当年即招收高中毕业的三年制高职大专学生,是全国最早开设电子商务专业的院校之一,设立的电子商务专业是在全国高职院校电子商务专业中最早树立"电子商务的核心是商务"理念的专业之一。学校以电子商务专业和市场营销专业为基础,组建商务教研室。

2007 年,电子商务专业和物流专业、市场营销专业三个专业共同组成市场营销专业群。为发挥市场营销专业群建设的协同效应,电子商务专业和其他专业构建了共享性的专业理论基础课程和师资队伍；为发挥技术领域共同性的特点，在教学上构建了共用性的实训体系，形成了共享性的实验实训项目，配置了共享性的实验实训设备。

2011 年，电子商务专业招生人数增多，从原来的商务教研室分离，单独成立了电子商务教研室。

2012 年，国际贸易、会计管理、物流管理、市场营销等专业将"电子商务"纳入培养计划，要求在大一开设该门课程。

专业特色

镇江高等专科学校电子商务专业是融计算机信息科学、管理学、市场营销学、商务贸易和现代物流于一体的新型交叉学科，在多年的办学实践中，形成了鲜明的专业特色。

（一）合适的专业定位与先进的人才培养模式

通过广泛的人才培养定位与人才需求调研，学校明确了区域经济发展对电子商务人才的要求，面向长三角地区，培养了服务中小企业电商化转型的"网络运营与推广"和"网络策划与编辑"两方面的实战型电子商务人才；遵循学生的职业成长过程，重新规划、完善了专业课程体系。校企合作深入探索并实践了"分布式工学交替"的工学结合人才培养模式，同时将"订单式"培养与杰出人才培养结合起来，成效显著。

（二）完善的"4F8M"课程体系

以专业为核心，学校搭建了辐射整个专业群的数字化教学资源共享平台和立体化实践教学平台。采用"四平台八模块"（简称"4F8M"）课程体系，改革了专业实践课程体系，将专业实践教学项目分为课程实习、职业岗位认知实践、企业岗位综合实训、毕业设计或毕业论文、专业技能考核等模块，强化学生实践动手能力训练，落实"工学结合、校企合作、讲训并重、学练结合"的培养模式，形成"岗课证"对接的课程体系。所有教学资源遵循"教学做"一体化的要求，注重引入企业真实任务（项目）支撑教学，进一步丰富了专业教学资源，构建了基于职业成长过程的课程体系。

（三）丰富的校内外实训资源

通过校内外实训，学校加强学生专业技能的培养，学生的职业技能大赛获奖情况、高水平职业资格证书获取率、毕业生就业对口率等均处于较高水平，用人单位对该专业毕业生的满意率达 90% 以上。重视产学结合，加强学生实践技能培养，尽可能考虑与国家职业技能鉴定接轨；把教学活动与生产实践、社会服务、技术推广及技术开发紧密结合，把职业能力培养与职业道德培养紧密结合。

本专业与镇江及外地的多家企业开展校企合作，已经或即将签订校企合作协议，校企双方在人才培养、专业建设、课程建设、师资队伍建设、教学科研等方面开展合作，建立了稳定的实习基地，能满足学生专业实习和毕业实习的需要。

校外实训基地建设

序号	实训基地名称
1	江苏锐天信息科技有限公司
2	镇江东奥研磨材料有限公司
3	镇江狼牙户外礼品有限公司
4	用友软件股份公司镇江分公司
5	镇江市江西商会
6	镇江京口工业园区
7	苏宁云商
8	学思堂教育连锁镇江校区

校外实训基地建设

学生在苏宁物流中心实习

学生在江苏吉贝尔药业实习

重点成果

电子商务专业以电子商务专业课程为载体，借助网购平台等，鼓励学生开设网店，尝试"经商"，让学生接触企业真实问题，了解各种系统开发、商业模式及其典型应用，提升学生进行市场分析、网店定位与运营、与合作企业沟通等一系列商务策划和实施工作的专业技能，从而使本专业的建设内涵、综合实力等得到全面提升，并在科研项目、课题方面取得了一系列成果。

科研项目、课题成果一览表

起止时间	科研项目、课题名称	项目来源
2016 年 4—8 月	"互联网+"时代镇江中小微商家会员制营销模式创新研究	镇江市社科联
2016 年 4—8 月	新常态下高铁及电子商务因素对镇江消费升级的影响	镇江市社科联
2016 年 4—8 月	新常态下镇江跨境电商发展现状与对策	镇江市社科联
2016 年 4—12 月	镇江跨境电商出口营销能力提升与发展机制研究	镇江市社科联
2016 年 12 月—2017 年 12 月	镇江跨境电商出口营销能力提升与发展机制研究	镇江市社科联
2017 年 4 月—2018 年 10 月	基于校协合作的镇江跨境电商人才培养模式的构建	镇江市社科应用研究精品工程（人才发展专项）课题
2017 年 5—9 月	"互联网+"背景下大学生创业教育改革的研究与实践	民主同盟镇江委员会
2017 年 11 月—2019 年 11 月	江苏 P2P 网贷平台核心竞争力提升战略	江苏省高校哲学社会科学研究项目
2018 年 10 月—2020 年 3 月	跨境电商供应链柔性优化路径分析	镇江市社会发展指导性项目
2019 年 3—11 月	中美贸易摩擦下镇江跨境电商市场发展路径研究	镇江市社科联
2019 年 6 月—2021 年 6 月	产教融合背景下高职院校跨境电商创新人才培养路径研究——以镇江为例	江苏省高校哲学社会科学研究项目
2019 年 11 月—2021 年 11 月	1+X 证书制下电子商务专业教学体系改革路径——以网店运营推广证书为例	江苏省高等教育教学改革研究课题
2020 年 5—9 月	突发卫生公共事件对镇江市跨境电商企业的影响及应对措施研究	镇江市社会科学院
2020 年 5—10 月	新冠肺炎疫情对镇江中小微企业的影响及对策研究	镇江市情研究中心
2020 年 8—11 月	浅谈职业院校在线教育体系的构建	民主同盟镇江委员会

学校积极鼓励学生参加全国与电子商务相关的各种比赛，通过比赛更好地提高学生的实践操作能力。

2009年，电子商务专业学生参加全国大学生市场营销策划大赛总决赛，荣获二等奖。

2010年，电子商务专业学生参加全国大学生企业经营管理沙盘模拟大赛，荣获全国一等奖。

2013年，商务112班学生姚盛睿获江苏省优秀共青团员、镇江市首届"慈善义工"称号，在"花桥国际商务城杯"江苏省第八届大学生职业规划大赛中获一等奖。

2013年，商务112班学生郭翠获江苏省"三好学生"称号。

2014年，电子商务专业学生参加江苏省高等职业院校技能大赛市场营销技能赛项，荣获二等奖。

2016年，电子商务专业学生参加江苏省高等职业院校技能大赛电子商务技能赛项，荣获三等奖。

2017年，电子商务专业学生参加江苏省高等职业院校技能大赛电子商务技能赛项，荣获一等奖。

2019年，电子商务专业学生参加江苏省高等职业院校技能大赛电子商务技能赛项，荣获三等奖。

杰出校友

王海威 男，1982年9月出生，江苏徐州人，2004年毕业于镇江高等专科学校工商管理系电子商务专业。2004年加入创业型公司勤善堂健康产业集团，其凭借卓越的市场开拓能力，迅速将公司业务范畴覆盖江苏省大部分地级市，成为当时公司内最年轻的产品经理。2005年被任命为南京大区经理，成为当时集团内最年轻的区域总经理。2009年担任淮海经济区大区总经理。2014年至今，他与合伙人开拓学思堂教育，任学思堂教育集团人力资源总监。

王海威

王占国　男，1989 年 3 月出生，江苏盐城人，2011 年毕业于镇江高等专科学校电子商务专业。毕业后，他从最基础的业务员做起，通过一年时间的努力奋斗，晋升为市场部经理，带领五六个业务员，在完成工作的同时，不断学习，以身作则，慢慢地提高了管理水平，独自策划活动方案，制订销售目标，分解销售任务，开培训会。2016 年自主创业，开设梵蒂斯别墅门店，任总经理。门店的主营业务是定制别墅户外大门、庭院门、铜楼梯、智能锁等。

王占国

电气自动化专业文化

专业背景

电气工程及其自动化专业，简称电气工程专业或电气自动化专业，主要研究电能的产生、传输、转换、控制、储存和利用。电气工程是围绕电能生产、传输和利用所开展活动的总称，涉及科学研究、技术开发、规划设计、电气设备制造、发电厂和电网建设、系统调试与运行、信息处理、保护与系统控制、状态监测、检修维护、环境保护、经济管理、质量保障、市场交易，以及系统的自动化和智能化等方面。电气自动化作为一门学科，发源于 19 世纪中叶逐渐形成的电磁理论。

（一）电气自动化专业高等教育的形成

在 19 世纪，经过科学家、发明家和工程师的不懈努力，电气工程的科学技术基础已经奠定，其在工程应用上也取得了实质性的进展。为了培养专业人才，在大学设立电气自动化专业已经势在必行。因此，从 19 世纪末到 20 世纪初，世界各国的大学相继设立了电气自动化专业。

国外一些大学设立电气自动化专业的时间

国家	大学	年份
英国	帝国理工学院	1878
美国	麻省理工学院	1882
德国	斯图加特大学	1882
美国	康奈尔大学	1883
美国	密苏里大学	1886
俄罗斯	圣彼得堡国立电子科技大学	1886
日本	东京大学	1886
美国	哥伦比亚大学	1889
美国	普林斯顿大学	1889
美国	威斯康星大学	1891
美国	斯坦福大学	1892
日本	京都大学	1897
俄罗斯	托木斯克理工大学	1903
日本	早稻田大学	1908

（二）我国电气自动化专业高等教育的形成

我国较早开设电气自动化专业的大学有交通大学、同济大学、浙江大学、东南大学、清华大学和天津大学。

我国部分高校设立电气自动化专业的时间

大学	年份	备注
交通大学	1908	当时称南洋公学
同济大学	1912	当时称同济医工学堂
浙江大学	1920	当时称公立工业专门学校
东南大学	1923	当时称中央大学
清华大学	1932	
天津大学	1933	当时称北洋大学

1949年以后，我国出现了一大批以工科为主的多科性大学。这些大学设置电气工程专业的科系早期称"电机科"，后来称"电机工程系"，这和当时的教学内容大体相称。1977年恢复高考制度后，大部分高校的"电机工程系"陆续改为"电气工程系"，之后大部分学校逐渐将其改为"电气工程学院"或者由自动化专业、电子信息类专业组成的"电气与电子工程学院"等。但在清华大学、香港大学和台湾的一些大学中，尽管专业内涵已发生了很大的变化，但"电机工程系"这一名称仍沿用至今。

在发达国家，许多大学使用"电气工程系"这一名称，有的和计算机专业一起称为"电气工程与计算机科学系"。这些大学的电气工程系大多教授电子、通信等方面的内容，传统的电力方面的内容较少，有的甚至不教授关于电力的任何内容。在我国，电气工程专业还教授电能的产生、传输、转换、控制、存储和利用等内容。

我国先后于1984年、1993年、1998年和2012年对专业目录进行了大调整。1984年，专业目录中共有813个本科专业；1993年，国家对专业目录进行了大规模的修订，专业总数减少了309个，变为504个。修订后的专业目录共分10个门类，同时根据社会对专业人才的需求和某些门类专业的办学现状，保留了部分范围较窄的专业，增设了少数应用型专业。

（三）江苏省电气自动化专业人才需求分析

"十二五"期间，江苏省着力发展现代制造业，先进制造业的水平集中体现于工业电气自动化技术的应用程度。

1. 先进制造业及其自动化技术

先进制造业是对掌握和应用先进技术，并能主导工业制造业发展方向的产业群的概括。先进制造业技术主要包括现代设计技术、先进制造工艺、自动化技术、现代生产管理技术和先进制造技术等，具有数字化、自动化、柔性化、智能化和精益化的特点。

自动化技术的应用程度影响并决定着制造业，尤其是装备制造业的先进水平。目前，先进制造业中的自动化技术主要包括 PLC 技术、网络控制技术、柔性制造技术、工业机器人技术、传感器与自动检测技术、嵌入式芯片技术、数控技术、在线监控及故障诊断技术等，这些技术已经越来越广泛地渗透到现代装备制造、电子信息、船舶制造、新能源、绿色化工等生产领域。

2. 区域先进制造业产业

2005 年，江苏省提出了加快建设先进制造业基地的发展思路和目标。新兴产业和企业集群日渐向江苏沿江、沿海等优势区域集聚。江苏省明确要坚持走新型工业化道路，大力推进产业结构战略性调整，把先进制造业等产业作为本地区的支撑产业。镇江市明确要做优做强先进制造业，按照"主导产业高端化、传统产业品牌化"的思路，推进制造业优化升级，大力发展高端制造业，重点打造重型装备、船舶及船舶设备、汽车及配套设备、电力设备及电器成套设备、工程机械等五大装备制造基地，培育和延伸航空配套装备、风能装备和海洋工程装备等重点产业链，提升地方基础制造和配套能力，将镇江打造成长三角先进制造业的重要基地。

3. 区域先进制造业的人才需求变化

近年来，镇江及周边地区制造业岗位需求旺盛，需求人数逐年上升。其中，传统制造业的招聘人数依然占制造业岗位总数的一半以上，但是增长缓慢；而先进制造业岗位需求不断增长，有超过传统制造业岗位需求的趋势。

综上所述，随着江苏沿江、沿海地区先进制造业的集群化、规模化发展，高职院校应加快相关专业建设的步伐，提升培养相关专业高端技能人才的能力和水平，提供一支能够支撑"先进制造业基地"良性运转的高素质的产业大军。

专业精神

电气自动化专业注重培养的专业精神包括匠于心、精于工、品于行。

1. 匠于心——铸就"工匠魂"

一个人首先要淬炼心性，唤醒体内的一流精神，才能掌握一流的技术。要永远保持激情，秉持"学习是一种修行"的理念，培养职业认同感，享受通过努力学习、工作所达成的目标、取得的成绩、获得的成长。专心致志做好事，一心一意谋发展，逢山开路，遇水搭桥，凝心聚力，目标如一，不偏不倚，不离不弃。电气自动化专业的学生，要以良好的心态应对繁忙的学习，要像工匠求艺那样，有滚石上山的勇气和气魄，少一些急功近利、多一些真抓实干，一步一步推进，一点一点积累，实现从量变到质变的跨越。

2. 精于工——雕琢"工匠神"

工匠们虽然从事着最普通、最平凡的工作，但却非常重要。每一个零件、每一道工序，都关乎全局利益。电气自动化专业的学生要有专业工匠的精神，精益求精。电气自动化专业涉及的知识和技能都是与如今的智能化、电子电气工程密切相关的，学生在学习的过程中要以匠人的工作模式严谨地要求自己，一丝不苟、孜孜不倦，反复改进产品，不断提高产品品质。

3. 品于行——塑造"工匠韵"

《庄子》中《庖丁解牛》的故事告诉我们：事情再简单，也要自己主动去学、积极去做，才能达到游刃有余的境界。电气自动化专业的学生必须秉持"用学习促提升"的理念，注重拓宽学习渠道，着力增加学习深度，力求让眼界广一点、视野宽一点、思想深一点。信息化时代下，"互联网+"改变了世界文化格局，重提工匠精神是人类生存、发展的必经之路。面对当前学习中遇到的新情况、新问题、新形势，只有大胆探索、勇于改革，开辟新途径、探索新办法，才能取得新突破、新成效。

代表人物

陈伯时 电力电子与电力传动自动化领域奠基人。"八十春秋，老骥伏枥，青春写得江山绿，夕阳犹映晚霞红，先生业绩为祖国。马帐承风，程门立雪，传道授业兼解惑，教书教学更教人，名师名著万千读。"这是我国电力电子领域著名专家、中国工程院院士、浙江大学教授汪槱生在"陈伯时教授八十华诞暨《电力电子与电力传动自动化——陈伯时教授文集》发布会"上赠送的一阕《踏莎行》。其对陈伯时先生对我国电力电子与电力传动自动化领域的卓越贡献，以及陈伯时先生为人师表、严谨治学、淡泊名利的崇高人格给予了高度评价。当今中国，几乎所有的电气工程师、从事电力传动与控制的研发人员和管理者、电气工程及其自动化专业的教师和学生，都知道"陈伯时"这个名字，都学习过陈伯时教授编写的教材《自动控制系统》或《电力拖动自动控制系统》。《自动控制系统》于 1981 年由机械工业出版社出版，1992 年修订再版后更名为《电力拖动自动控制系统》，成为全国大多数高校电气工程与自动化相关专业的统编教材，且一直被公认为全国同类教材中最好的教材之一，曾获得机械电子工业部科技进步奖二等奖、优秀教材一等奖，影响了自改革开放以来几代中国电气工程从业人员。

赵争鸣 立足国家需求，直击学科前沿。中华人民共和国成立后，我国电机工业有了突飞猛进的发展。当时，赵争鸣认为，与正在中国起步的计算机专业相比，电机专业只是"一个陌生但老一辈人认为很重要的专业"，即便如此，他仍义无反顾地投入这个他"一无所知"的专业里。随后的 40 余年中，他从学习"纯正"的电机学起步，而后将电力电子学与电机学交汇融合在一起，助力传统的电机学科向着更现代、更前沿的方向发展，使其变成一个"时髦而又重要的专业"。赵争鸣分别于 1982 年和1985 年在湖南大学电气工程系取得学士和硕士学位，1991 年在清华大学电机工程与应用电子技术系取得工学博士学位，1994—1997 年在美国俄亥俄州立大学和美国加州大学欧文分校从事博士后研究工作，1998—1999年先后在加拿大哥伦比亚大学和香港大学做高级访问学者和研究教授；现任清华大学电机工程与应用电子技术系教授、博士生导师、电力系统国家重点实验室副主任。他曾担任多种国内外重要学术期刊副主编、编委和助理编委；主要研究方向包括大功率高压电力电子技术、光伏发电并网技术及其应用、电机及控制技术、无线电能传输等；先后负责完成多项国家攻关课题、国家"863"课题、国家自然科学基金重点和面上项目，以及多项大型横向科研课题和国际合作项目；在国际学术期刊、国际会议及国内核心期刊发表学术论文 360 多篇，其中被 EI 收录 200 余篇，被 SCI 收录 30 余篇；主编和参编科技图书 8 种；已获授权国家发明专利 27 项、软件著作权 15 项；先后获得省部级科技成果奖 10 余项，多次获得国际学术会议优秀论文奖。

专业沿革

电气自动化专业系镇江高等专科学校重点专业之一，也是校企合作重点专业、江苏省先进制造业自动化技术综合实训基地建设专业。该专业于 1986 年开始"普高"起点大专层次办学，随后又陆续开展了"职高"起点专科及双专科招生。

2013 年，镇江高等专科学校电气自动化专业与三菱电机自动化（中国）有限公司合作建设三菱电机自动化实验室，现有实验设备 18 套，承担"PLC 应用技术"等课程的实验。

2015 年，电气自动化专业与镇江市电工技术学会、江苏科技大学电子信息学院合作共建了教育部教育管理信息中心的全国电气自动化工程师培训点。

2016 年，电气自动化专业被确定为校级品牌专业培育点专业。

2020 年，电气自动化、机械制造与自动化、机电一体化技术、物联网应用技术专业群被确定为江苏省高等职业教育高水平专业群。

2021 年，电气自动化专业被确定为校级课程思政示范专业。

迄今为止，镇江高等专科学校电气自动化专业已为社会培养了 35 届毕业生，且毕业生就业率都很高，成为受社会、家长和学生欢迎的特色专业。

专业特色

电气自动化专业是镇江高等专科学校重点建设的专业之一。本专业认真贯彻党和国家的教育方针，遵循高等职业教育规律，以市场为导向，以服务地方经济建设为宗旨，主动适应电气自动化技术行业发展需要，以社会评价、用人单位满意度和就业率为衡量专业办学水平和人才质量的标准，培养"能胜岗+能转岗"的高端技能型人才。

建设过程中，本专业立足地方、面向长三角地区，主动对接装备制造业、电子信息业，不断创新工学结合的人才培养模式，优化课程体系，改善实践教学条件，进一步深化校企合作，建设高素质的"双师型"教师团队。通过课程体系与人才建设培养模式改革、实验实训条件建设、师资队伍建设，本专业的办学软硬条件和综合实力位居江苏省内同类院校前列。

1. 制造业企业、学校、生产企业"三方共赢"校企合作运行机制

镇江高等专科学校电气自动化专业与中煤电子有限责任公司、江苏华通动力重工有限公司、江苏惠通集团有限责任公司等企业合作，了解企业对人才及岗位的要求，增强人才培养的针对性，承接企业的"人才培养订单"，与用人单位无缝对接，为学生就业提供渠道，实现毕业生"能上岗+能胜岗"的培养目标。除了与地方产业、行业、企业进行合作以外，还要与掌握自动化核心技术的自动化设备行业龙头企业，如三菱电机、美国国家仪器公司（NI）、罗克韦尔自动化、北京亚控等知名自动化公司建立广泛的、多种合作形式的"校企联盟"，争取上述公司在设备、技术、培训等方面的支持。学校还与自动化设备供应商在共建实验实训室、课程开发、合作教材建设、认证课程培训、师资培训等方面合作，借助龙头企业的资源为人才培养服务，使学生进一步掌握引领自动化技术发展潮流的新技术，具备可持续发展能力，达到"能转岗"的培养要求；与此同时，自动化设备龙头企业扩大了社会影响，培育了潜在客户，从而构建了由学校（自动化专业群人才培养方）、长三角地区先进制造业企业（自动化设备使用方、人才需求方）、知名自动化设备生产企业（自动化设备、技术供应方）三方组成的"企、校、企三方共赢"发展合作模式，并达成良性循环的目标。

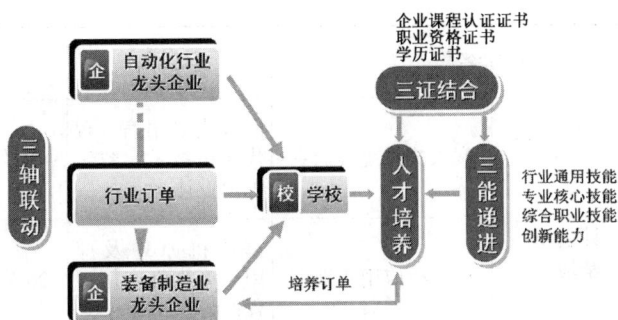

"三方共赢"校企合作运行机制

电气自动化专业现有实验实训基地一览表

序号	实验室名称		实训课程	地点
1	电工技术实训基地	电工电子实验室	电工基础、线性电子线路、非线性电子线路、数字电子技术	26 号楼 305 室
2		维修电工实训室	维修电工技能实训、电机与电气控制	26 号楼 302 室
3		电力电子实训室	电力电子技术	26 号楼 301A 室
4		工厂供电实训室	供配电技术	26 号楼 301B 室
5	自动化技术实训基地	自动化仪表实训室	自动控制原理与系统、检测与控制仪表	26 号楼 301C 室
6		PLC 技术实验室	电机与电气控制、PLC 应用技术	26 号楼 304A 室
7		三菱自动化实训室	PLC 应用技术、典型生产线应用技术	26 号楼 303 室
8		罗克韦尔自动化实训室	自动化系统集成、工业控制网络	26 号楼 402 室
9		组态控制实训室	组态控制技术	26 号楼 301D 室

序号	实验室名称		实训课程	地点
10	电子设计创新实训基地	嵌入式系统实训室	嵌入式 C 语言、现代通信技术、数字逻辑设计	26 号楼 306 室
11		单片机应用实训室	单片机原理及应用、单片机应用课程设计	26 号楼 304B 室
12		虚拟仪器测控创新实训室	虚拟仪器与检测技术	26 号楼 411 室
13	电子技能实训基地	电子产品装调实训室	无线电装接工、电子产品设计与制作	26 号楼 401 室 26 号楼 403 室 26 号楼 405 室 （三室已打通）
14		电子测量实验室	电子测量	

2. 科学设置"三能递进"课程体系

根据专业的典型任务，建立电气自动化专业"专业（行业）通用技能课程平台"；根据专业岗位群内不同岗位的差异，确定各岗位方向的"专业核心技能课程平台"；根据学生可持续发展能力培养要求，构建"职业综合及创新能力课程平台"。三个课程平台分别对应支撑专业通用技能、专业核心技能、综合职业技能及创新能力，形成"三能递进"式的培养目标。底层的"专业（行业）通用技能课程平台"培养学生的行业通用技能，使学生"能上岗"；中层的"专业核心技能课程平台"进行专业分向，根据岗位特点进行对应的专业核心技能的强化培养，使学生掌握岗位的核心职业技能，做到"能胜岗"，在岗位上能脱颖而出；高层的"职业综合及创新能力课程平台"培养学生把本专业的知识技能进行融合，进一步培养学生的综合能力及创新能力，使学生今后能向更高层次的岗位发展，做到"能转岗"。

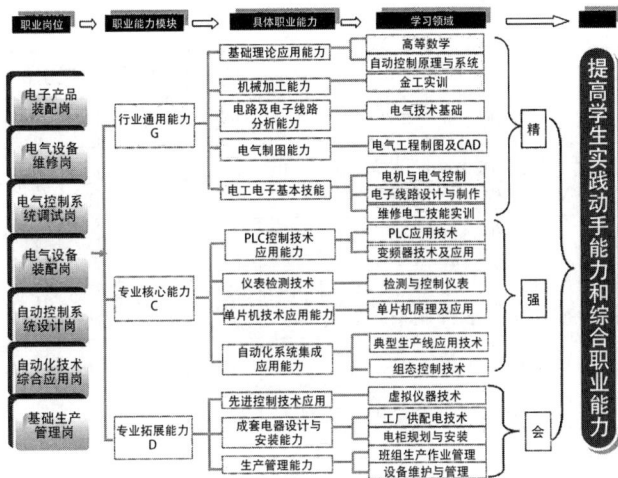

职业岗位 ➡ 职业能力模块 ➡ 具体职业能力 ➡ 学习领域 ➡

电子产品装配岗
电气设备维修岗
电气控制系统调试岗
电气设备装配岗
自动控制系统设计岗
自动化技术综合应用岗
基础生产管理岗

行业通用能力 G

专业核心能力 C

专业拓展能力 D

基础理论应用能力 —— 高等数学 / 自动控制原理与系统
机械加工能力 —— 金工实训
电路及电子线路分析能力 —— 电气技术基础
电气制图能力 —— 电气工程制图及CAD
电工电子基本技能 —— 电机与电气控制 / 电子线路设计与制作 / 维修电工技能实训

PLC控制技术应用能力 —— PLC应用技术 / 变频器技术及应用
仪表检测技术 —— 检测与控制仪表
单片机技术应用能力 —— 单片机原理及应用
自动化系统集成应用能力 —— 典型生产线应用技术 / 组态控制技术

先进控制技术应用 —— 虚拟仪器技术
成套电器设计与安装能力 —— 工厂供配电技术 / 电柜规划与安装
生产管理能力 —— 班组生产作业管理 / 设备维护与管理

精 强 会

提高学生实践动手能力和综合职业能力

"三能递进"课程体系

3. 完善"课证融通"改革，实施"三证结合"的人才培养模式

对于技能性强的专业核心课程，将技能考核融入课程学习之中，把课程内容与职业资格标准的要求结合起来，在课程学习中同步完成相应的考证训练，即传统的"双证制"人才培养模式。例如，在"电工技能实训"课程中已融入维修电工考中级证的要求，以此标准为主导进行实训，因此取得了"维修电工中级证书通过率达到100%"的成绩。但是现有劳动部门的职业技能鉴定体系内容和标准偏向对行业通用技能的考核，并且整个技能鉴定体系相对于新技术、新工艺的发展有一定的滞后性，因此，学生获得相应的职业资格证书能掌握行业通用技能，做到能上岗，但未必能胜岗。针对这一现状，本专业一方面拓展职业资格技能鉴定项目层次，如在进行维修电工中级资格考核的基础上开展高级电工的培训与考核；另一方面，与掌握自动化设备核心技术、市场占有率高、有较高行业权威的三菱电机、NI、罗克韦尔自动化等知名自动化设备供应商合作，开发课程，开展新技术课程的企业认证考核工作，促使学生掌握新技术并获得行业认可度高的企业认证证书，使学生具备可持续发展能力，为学生向高层次岗位转换创造条件，形成学历证书、职业资格证书、企业课程认证证书"三证结合"的人才培养模式。

重点成果

本专业近年来在教学质量工程与人才培养方面取得了丰硕的成果。

重点成果一览表

类别	成果名称	时间	等级	授予部门/出版单位
教学成果奖	镇江市科技进步奖	2012	三等奖	镇江市人民政府
	基于"能胜岗＋能转岗"的"4F8M"课程模式创新与实践	2013	一等奖	江苏省教育厅
	镇江市科技进步奖	2013	三等奖	镇江市人民政府
	毕业设计——基于 CC-Link 总线的沥青搅拌站智能控制系统设计	2014	三等奖	江苏省教育厅
	江苏省科技进步奖	2014	三等奖	江苏省科技厅
	省级信息化实训教学大赛——单片机设计开发	2015	二等奖	江苏省教育厅
	省级信息化实训教学大赛——PLC控制电动机电路	2015	三等奖	江苏省教育厅
	基于技术技能需求的"单片机原理及应用"课程教学改革	2015	一等奖	镇江高等专科学校
	镇江市产学研合作项目奖	2015	三等奖	镇江市科学技术局
教学名师或教学团队	江苏省高校"青蓝工程"优秀骨干教师：唐红雨	2006	省级	江苏省教育厅
	江苏省高校"青蓝工程"优秀骨干教师：胡春花	2008	省级	江苏省教育厅
	电气自动化技术专业优秀教学团队	2011	校级	镇江高等专科学校
	江苏省高校"青蓝工程"优秀骨干教师：仲志燕	2012	省级	江苏省教育厅
	江苏省"333 高层次人才培养工程"第三层次培养对象：胡春花	2013	省级	江苏省人才工作领导小组办公室
	江苏省"六大人才高峰"高层次人才：胡春花	2013	省级	江苏省人力资源和社会保障厅
	江苏省"333 高层次人才培养工程"第三层次培养对象：唐红雨	2016	省级	江苏省人才工作领导小组办公室
	镇江市"169 跨世纪学术技术带头人培养工程"培养对象：胡春花	2016	市级	中共镇江市委组织部
	2016"Makeblock 杯"江苏省第七届大学生机器人大赛优秀指导教师	2016	省级	江苏省教育厅
	江苏省高校"青蓝工程"中青年学术带头人：胡春花	2017	省级	江苏省教育厅
	"2017 中国工程机器人大赛暨国际公开赛"优秀指导教师	2017	国家级	教育部高等学校教学指导委员会创新方法教学指导分委员会

类别	成果名称	时间	等级	授予部门/出版单位
教材	《自动控制原理教程》	2010		电子工业出版社
	《电工电子实验实训指导书》	2013		北京交通大学出版社
	《双色图解电子电路全掌握》	2014		化学工业出版社
	《实用电工电路300例图解》	2014		电子工业出版社
	《供配电技术及成套设备》	2015	省级重点教材	江苏省教育厅
	《C语言程序设计项目化教程》	2015		南京大学出版社
	《自动化生产线应用技术》	2015		北京邮电大学出版社
	《电子产品生产工艺及管理》	2015		北京邮电大学出版社
	《机电设备维护与管理》	2016	省级重点教材	江苏省教育厅
	《单片机原理与接口技术》	2016		电子工业出版社
实训基地与资源库	江苏省先进制造业自动化技术综合实训基地	2012	省级	江苏省教育厅
	江苏省高技能人才培养示范基地	2013	省级	江苏省教育厅
	德国海德汉培训（中国）中心	2016		约翰内斯·海德汉博士（中国）有限公司
	省级产教深度融合实训平台建设——智能装备制造与检测技术集成应用与服务实训平台	2016	省级	江苏省教育厅
	教育部机器人人才培养中心教育部工业自动化人才培训（IAAT）基地	2017	国家级	教育部
教学改革项目	基于Proteus虚拟实验教学研究	2013	省级	江苏省教育科学研究院现代教育技术研究所
	基于CDIO的技能型创新人才培养模式研究	2013	省级	江苏省教育科学研究院
	任务驱动的模块化案例教学在高职院校工科课程教学中的应用研究	2013	省级	江苏省教育科学研究院
	LabVIEW虚拟实验教学平台的研究	2013	省级	江苏省教育科学研究院现代教育技术研究所
	专业群综合实训基地动态管理模式探索	2013	省级	中国高等职业技术教育研究会
	基于云计算的移动教学采纳行为研究	2015	省级	江苏省教育科学研究院现代教育技术研究所
	基于"电子产品制图与制版"课程信息化资源整合创新的探索与实践	2016	省级	江苏省教育科学研究院现代教育技术研究所

电气自动化专业文化

083

类别	成果名称	时间	等级	授予部门/出版单位
其他	多功能单片机实验板的开发设计与制作	2011	省级	江苏省教育厅
	Proteus ISIS 在单片机学习中的实践训练	2012	省级	江苏省教育厅
	江苏省高职院校技能大赛电子产品设计与制作赛项	2013	三等奖	江苏省教育厅
	第八届全国信息技术应用水平大赛"电子系统设计"	2013	三等奖	教育部教育管理信息中心
	"AB 杯"全国大学生自动化系统应用大赛	2013	二等奖	教育部教育管理信息中心
	第九届全国信息技术应用水平大赛"STC"杯单片机系统设计	2014	二等奖	教育部教育管理信息中心
	第九届全国信息技术应用水平大赛"单片机系统设计"	2014	二等奖	教育部教育管理信息中心
	基于 Arduino+LabVIEW 的蓝牙联机智能恒温箱	2014	省级	江苏省教育厅
	江苏省高职院校技能大赛电子产品设计与制作赛项	2015	三等奖	江苏省教育厅
	江苏省大学生机器人比赛	2015	优胜奖	江苏省教育厅
	基于 Arduino 控制的桌面微型机械臂	2015	省级	江苏省教育厅
	中国国际飞行器设计挑战赛暨科研类全国航天航空模型锦标赛	2016	一等奖	教育部办公厅
	中国国际飞行器设计挑战赛暨科研类全国航天航空模型锦标赛团体赛	2016	团体第三名	教育部办公厅
	江苏省大学生机器人比赛	2016	二等奖	江苏省教育厅
	授权专利（33 件）	2011—2015		国家知识产权局

杰出校友

曹兆亮　男，1985年12月出生，2008年毕业于镇江高等专科学校电气自动化专业，曾任电气D052班班长，现任中国银行镇江分行大港支行营业部副主任。2008年在中国银行镇江分行工作以来，曾两次被评为"A+优秀员工"，先后获得"镇江市中银优秀个人""镇江市优秀大堂经理""江苏省中银卓越个人""江苏省十佳优秀大堂经理""全国明星大堂经理""镇江市劳动模范""总行级优秀共产党员""江苏省劳动模范"等荣誉称号。2011年任分行营业部大堂经理，2014年任分行营业部镇江分行营

曹兆亮

业部助理大堂经理，兼对私团队处理中心副主任和出国金融中心主管，2017年至今任分行大港支行营业部副主任。

徐书朗　男，1984年1月出生，中共党员。2008年毕业于镇江高等专科学校电气自动化（中加合作）专业，现任江苏省广播电视总台（集团）江苏网络电视台技术部副主任。在校期间学习成绩优异，对程序开发与Web技术拥有较浓厚的兴趣，具有较强的学习能力，勤于研究技术学习中的各环节与各项细节问题，勇于挑战学习过程中遇到的任何难题，乐于发现和研究网络世界的新技术。2007年进入江苏省广播电视总台（集团）江苏广电网站从事技术工作，

徐书朗

把自己所学的专业知识和对行业新技术的研究精神全部应用在工作中。2009年主要负责网站各个项目及产品的研发、网站核心系统及服务的运维、网站技术团队日常工作的部署，以及与总台其他部门进行技术对接等工作，

多次获得总台和江苏省广播电视局多个项目的科技创新奖一等奖和二等奖，还先后获得"先进工作者""年度十大优秀工程技术人员"等荣誉称号。

冷丹平　男，1975 年出生，江苏丹阳人，1998 年毕业于镇江高等专科学校电气自动化专业，曾任丹阳眼镜商会分委会镜架委员会副主任、丹阳眼镜商会分委会青年委员会执行委员，现任深圳市万新眼镜有限公司总经理。毕业后先在一家电子厂做技术员，后进入万新眼镜有限公司，从基层销售员做起，因业绩好而被提升为销售经理，后成为该公司的销售总监，在工作中除积累了经验、资金，也掌握了企业运营方式。2007 年在深圳成立了眼镜公司，秉持"工作务实、经营模式创新、品牌引进"的理念逐步组建了一支有"战斗力"的销售、管理团队，2012 年公司的销售额达到 6000 万元。公司和深圳几个大型眼镜工厂合作，主要销售中高档光学镜架和太阳镜产品，目前公司产品已经销售到全国，在眼镜行业占有一席之地。

冷丹平

计算机应用技术专业文化

专业背景

计算工具的演化经历了由简单到复杂、从低级到高级的不同阶段，例如从"结绳记事"中的绳结到算筹，再到算盘、计算尺、机械计算机等，它们在不同的历史时期发挥了各自的作用，同时也孕育了电子计算机的雏形和设计思路。

（一）计算机专业的产生

随着计算机技术的不断发展，到 21 世纪初，计算机基本普及，办公环境中文档处理、数据管理、业务办理、信息展示等都离不开计算机。在信息化高速发展的时代，IT 业是国家优先发展的重点行业，也是国内外人才需求量最大的行业之一。伴随着互联网的发展，IT 人才短缺的现象将会越来越严重。在我国，IT 人才、网络存储人才、电子商务人才、信息安全人才、游戏技术人才严重短缺；在软件人才层次结构上，水平高的系统分析员和有行业背景的项目策划人员偏少，同时软件蓝领也比较短缺。据保守估计，目前中国市场对 IT 人才的需求每年超过 20 万人。随着 IT 业的发展越来越迅速，各大高校计算机专业的报名人数越来越多。

计算机应用技术专业是综合性高职院校中都有的专业，是一个高考志愿填报的热门专业。计算机应用技术发展于 20 世纪 90 年代初，当时我国计算机应用技术刚起步，国有大中型企业、外资企业纷纷引入计算机辅助办公，社会上急需大量的计算机应用型人才。综合性大学、职业院校纷纷开设计算机应用技术专业，为社会培养了大量的计算机应用型人才。从 20 世纪 90 年代开始，计算机应用技术专业一直都是最热门的专业之一，占据着人才需求排行榜的前几位。

（二）计算机专业的人才需求

进入 21 世纪，信息产业在我国得到快速发展，随着互联网的迅速普及，以及计算机应用技术渗透到社会生产、生活的各个方面，社会上对计算机高级应用型人才的需求旺盛。

根据相关政府部门、行业、企业、IT 人才网站等的调查分析，全国 IT 人才紧缺，IT 人才就业前景广阔。有关专家指出，我国的 IT 队伍存在严重的结构失衡问题，不仅缺乏高级 IT 人才，还缺乏技能型、应用型信息技术人才和一大批能从事基础性工作的技术人员，因此亟须培养适应市场和企业需求的技能型、应用型 IT 人才，为全国 IT 产业的发展做出贡献。

在电子信息领域，镇江市已集聚了巨宝科技、纳赛诺科技、稳润光电、金舟软件等骨干企业，重点发展软件及外包、集成电路、新型显示及电子元器件、现代通信及信息技术应用产业，电子信息产业已形成了相当规模的产业发展体系。电子信息产业销售收入占新兴产业销售收入的比重达30%以上。因此，加快专业改革，尽快培养出社会需要的应用型人才，是市场经济发展的必然结果。

调查显示，目前企事业单位、IT 行业特别需要熟悉国家信息产业的政策和法规，具有良好的职业道德、敬业与创新精神；熟悉计算机硬件的基本原理与组成结构，能进行计算机的组装与维护；掌握网页编程语言，具备网站建设与管理能力；掌握结构化和面向对象的程序设计方法，能进行应用软件的开发和设计及数据库管理；具有网络工程知识，能从事网络管理和组网，具有较强的自主学习能力和团队合作精神的高素质应用型人才。

专业精神

镇江高等专科学校计算机应用技术专业注重培养德、智、体、美、劳全面发展，系统掌握计算机应用技术所必需的基本知识、基本理论，具备计算机应用领域基本技能的高素质应用型人才。

1. 敬业精神

敬业精神是人们基于对一件事情、一种职业的热爱而产生的一种全身心投入的精神，是社会对人们工作态度的一种道德要求，核心是无私奉献意识。敬业精神是在职业活动领域树立主人翁责任感、事业心，追求崇高的职业理想；具有认真踏实、恪尽职守、精益求精的工作态度；力求干一行爱一行专一行，努力成为本行业的行家里手；保持高昂的工作热情和务实苦干精神，以正确的人生观和价值观指导和调控职业行为。

2. 工匠精神

在人才培养规划中，结合计算机应用技术的特点，本专业注重培养工匠精神。"工匠精神"是追求极致的精神，其核心内涵在于既把工作当作职业，还把它当作事业，不仅仅把工作当成获取报酬、养家糊口的工具，而是具有对职业敬畏、对工作执着、对产品负责的态度，极度注重细节，不断追求完美和极致。培养这种宝贵的职业精神需要职业学校通过开设相应的课程，面向学生进行系统阐述、引导，并在具体的实习实训操作中进行强化训练，同时也离不开企业的积极参与，发挥企业育人的主体作用。工匠精神的培养来自不断的学习和对自己的严格要求，需要有良好的学习习惯和认真思考的态度。计算机应用技术专业的学生在学习中要形成精益求精的工作态度及强大的责任意识；教师要根据专业特点与学生的学习情况，将工匠精神渗入日常教学之中，在推动学生分析、解决问题的同时，增强学生的团队协作能力，提高学生的实践操作技能。

代表人物

丹尼斯·里奇（Dennis M. Ritchie） C 语言之父，Unix 之父。丹尼斯·里奇曾担任朗讯科技公司贝尔实验室的计算机科学研究中心系统软件研究部主任一职。1978 年与布莱恩·科尔尼干（Brian W. Kernighan）一起出版了《C 程序设计语言》，此书已被翻译成多种语言出版，在业界广为流传。

1960 年，当时丹尼斯·里奇还是一个主修物理学的学生，但计算机处理的理论和实际问题更令他着迷，因此，他的毕业论文大部分是理论（递归函数的层次）方面的，但此后他投入了更多的精力到实践方面。1967 年，他加入贝尔实验室，他的父亲阿利斯泰尔·里奇（Alistair E. Ritchie）在那里有长时间的工作经历，且对晶体管电路很有研究，正是受到了父亲的影响，他也走上了科学研究之路。不久后，丹尼斯·里奇加入了 Multics 项目——贝尔实验室、麻省理工学院和通用电气公司的合作项目。在这个项目里，里奇负责多道处理机的 BCPL 语言和 GE650 的编译器，它们都属于GECOS 系统。他也写了 ALTRAN 语言的代数编译器，这是用于计算机的一种符号语言和系统。

丹尼斯·里奇与肯·汤普森发展了 C 语言，同时发展了 Unix 操作系统，其在计算机工业史上占有重要的地位。如今，C 语言依然是一种常用的计算机语言，它对许多编程语言如 C++、C#、Objective-C、Java 和 JavaScript 有极大的影响力。在操作系统方面，Unix 也具有极大的影响力：市场上有许多不同的 Unix 版本如 AIX、Solaris、Mac OS X 和 BSD 等，以及与 Unix 非常相似的系统（如 Minix 和非常普及的 Linux 操作系统），甚至与 Unix 竞争的 Microsoft Windows 操作系统也为他们的用户和开发者提供了与 Unix 相容的工具和 C 语言编译器。里奇还参加了 Unix 和 C 语言的后继软件 Plan 9 和 Inferno 操作系统及 Limbo 的开发。

比尔·盖茨（Bill Gates）　1955 年 10 月出生于美国华盛顿州西雅图，企业家、软件工程师、慈善家、微软公司创始人、中国工程院院士（外籍）。

比尔·盖茨 13 岁时开始计算机编程设计，1973 年考入哈佛大学，在 SAT（美国大学入学考试）标准化测试中得到 1590 分（满分 1600 分）。1975 年与好友保罗·艾伦一起创办了微软公司，比尔·盖茨担任微软公司董事长、CEO 和首席软件设计师。

1975 年 1 月，比尔·盖茨在哈佛上学，当时美国《大众电子》（*Popular Electronics*）杂志上刊出了一篇 MITS 公司介绍其 Altair 8800 计算机的文章，好友保罗·艾伦向比尔·盖茨展示了这款计算机的图片。几天后，比尔·盖茨就给 MITS 总裁爱德华·罗伯茨（Edward Roberts）打电话，表示自己和保罗·艾伦已经为这款计算机开发出了 BASIC 程序，实际上，当时他们一行代码也没有写。夜以继日地工作后，比尔·盖茨和保罗·艾伦最终编写出可在 Altair 8800 上运行的程序，出售给 MITS 的价格为 3000 美元，但相应版税却高达 18 万美元。

2000 年，比尔·盖茨成立比尔及梅琳达·盖茨基金会，2008 年比尔·盖茨宣布将 580 亿美元个人财产捐给慈善基金会。2015 年，比尔·盖茨凭借 760 亿美元净资产，连续第 22 年位居《福布斯》发布的"400 位最富美国人排行榜"榜首。2017 年 11 月，比尔·盖茨当选中国工程院外籍院士；2019 年 1 月，入选美国杂志评选的"过去十年影响世界最深的十位思想家"。

专业沿革

计算机应用技术专业是镇江高等专科学校的主干专业之一，1992 年开设的专业名称为"计算机应用与维护"，2005 年根据高职高专教育指导性专业目录更名为"计算机应用技术"，后续开设了"网络信息安全""移动应用开发"等专业方向。本专业坚持教育创新，以就业为导向，深化教育教学改革。在教学体系方面，本专业以学生为中心，以技能培养为重点，把校企合作、工学结合作为人才培养模式改革的重要切入点。毕业生深受社会欢迎，近三年平均就业率达95%以上。

2001年2月，经江苏省教育厅批准，在政府的积极支持和帮助下，镇江高等专科学校以"计算机应用技术"专业为基础与加拿大荷兰学院正式签订合作办学协议，专业名称为"Business Information Technology（BIT）——商业信息技术"，2005年经双方同意更名为"Computer Information System（CIS）——计算机信息系统"。在此基础上，2005年镇江高等专科学校与新西兰奥克兰商学院合作开设了"电子商务"专业。

计算机行业是一个日新月异的行业，很多专业知识在不断更新，学生单通过课堂学习未必能掌握最新的知识和技术。因此，本专业通过校企合作将专业文化渗透到学生的学习、生活中，让学生能更多地了解自己的专业、了解最新的技术和企业情况，从而更好地培养学生的职业技能和职业素养。本专业师资队伍整体结构合理，现有专职教师24人，其中，取得硕士以上学位的有17人，有教授3人、副教授13人、讲师8人，学历（学位）和职称结构合理，具有硕士以上学位的教师占专职教师的比例在70%以上，本专业"双师素质"教师占70%以上。学校积极鼓励教师参与科研项目研发、到企业挂职锻炼，并获取相应专业的职业资格证书，逐步提高"双师型"教师的比例。教师能够根据行业企业岗位群的需要开发课程，及时更新教学内容，以适应学科、专业长远发展需要和教学需要。

专业特色

计算机应用技术专业的特色是"厚基础，重方向"，即学生可以学到扎实的计算机应用基础知识，同时在此基础上强化专业方向，目前分软件方向、网络方向、移动应用开发方向、电竞方向等，学生可有重点地掌握某项或某几项专业化技能。

1. 借鉴国际合作办学经验与 CBE 教学模式，实践"工学结合"的人才培养模式

经过十多年与加拿大荷兰学院计算机信息技术专业合作办学，本专业学习并实践了 CBE 教学模式，通过吸收、调整、优化，并将其应用于计算机应用技术专业工学结合的培养模式，尝试"工学交替"，即把实践实习分布在不同的学期中。同时，按照镇江高等专科学校"2+1"培养模式，安排学生在第三学年进行为期 36 周的顶岗实习。

在 CBE 教学模式中，教师对学生的学习进行动态考核，随时了解每个学生的学习情况，对学生在规定时间内完成任务的情况及时检查，并给出反馈意见。

加拿大荷兰学院专家组正在对合作专业进行教学评估

2. 积极开展"四技服务"

教师较强的"四技服务"意识和较高的"四技服务"水平，使本专业与地方行业企业有较多的合作机会，积极推进了校企合作。"四技服务"形式多样，如为企业员工培训、参与企业项目开发、帮助企业策划与开发网站、定期举行科技下乡活动等，这些活动均获得了显著成效，得到了社会的好评。

计算机应用技术专业教师部分"四技服务"情况

社会服务项目	服务对象	教师
计算机维护、培训公司新员工、参与项目设计与开发	江苏诚志软件科技有限公司	于瑞琴

社会服务项目	服务对象	教师
网络系统升级改造、办公自动化培训、科技下乡服务	镇江市润州区和平路街道长江村	吴宏森
"江苏省人民法院服装管理系统"开发、完善与维护	镇江市中级人民法院	欧阳华
"远程心电诊断系统"开发	京健科健康科技（北京）有限公司	欧阳华
"物流业务处理系统"开发	江苏十野物流有限公司	王平
企业挂职锻炼	江苏捷诚车载电子信息工程有限公司	单桂军
企业挂职锻炼	镇江船厂蓝波船舶研究所	樊为民

重点成果

（一）教材建设

为了更好地推进工学结合人才培养模式的实施，本专业教师积极开发了适合本专业学生技能培养的教材。

出版的教材一览表

姓名	教材名称	承担角色
黄力明	《数据结构简明教程》	副主编
黄力明	《数据库技术及开发教程》	副主编
樊为民	《Visual Basic 程序设计教程》	副主编
欧阳华	《网页制作工具教程》	副主编
沈润泉	《通信系统原理》	副主编

工学结合立项教材一览表

姓名	教材名称	承担角色
于瑞琴	《VB. NET 项目开发教程》	主编
沈润泉	《ASP. NET 工作任务式教程》	主编
施冬梅	《JAVASCRIPT 工作任务式教程》	主编
樊为民	《C 语言程序设计项目化教程》	主编

（二）课程建设

本专业教师积极建设在线课程资源，开发与课程配套的音视频教学素材、教学课件，引进虚拟仿真软件进行教学。为促进信息化技术在教学中的应用，数据库原理、网页设计与制作、移动 App 程序设计等专业课均使用校内超星学习通平台进行网络课程建设，建设了一批在线资源库。

部分在线资源库建设一览表

课程名称	使用平台	辅助手段（平台）
移动 App 多媒体编程	超星泛雅	腾讯课堂
移动游戏开发	超星泛雅	微信
JavaScript 脚本语言编程	超星泛雅	微信
网站和 App 原型设计	超星泛雅	微信
移动 App 网络编程	超星泛雅	QQ 群
HTML5+CSS 网页设计与制作	超星泛雅	QQ 群
Python 程序设计	超星泛雅	QQ 群
计算机病毒与防治	超星泛雅	QQ 群、学习通
网络安全运行与维护	超星泛雅	QQ 群、腾讯课堂
计算机信息技术	超星泛雅	QQ 群、腾讯课堂
移动 App 程序设计基础	超星泛雅	QQ 群
SQL server 数据库原理与应用	超星泛雅	QQ 群
大数据分析基础	超星泛雅	QQ 群
JAVA 语言程序设计	超星泛雅	QQ 群
Java Web 程序设计	超星泛雅	QQ 群

（三）学生荣誉

本专业强化了对学生实践能力的培养，多名学生获得国家励志奖学金。近两年在一系列省级比赛中，本专业学生取得了较好的成绩。多名学生积极参加大学生创业大赛，获得江苏省大学生创业计划大赛二等奖等；自 2013 年开始，多名学生参加"蓝桥杯"全国软件专业人才设计与创业大赛，获得三等奖等；学院积极组织学生参加各项技能大赛，樊庭希、钱迎春、郑海晨等多名同学在指导教师的指导下经过努力拼搏均获得了三等奖。

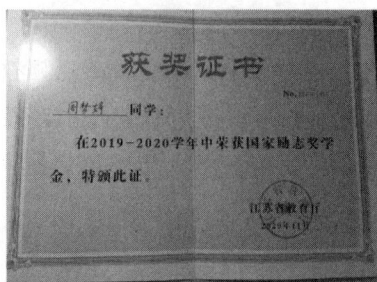

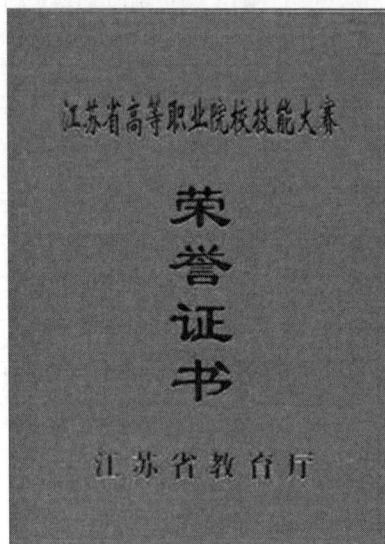

学生获奖证书

杰出校友

李卫东　男，1974 年 11 月出生，江苏句容人，1997 年毕业于镇江高等专科学校计算机应用技术专业，现任江苏同科光电科技有限公司总经理。2000 年 3 月应聘到南京珠江路一家知名计算机企业，2003 年晋升为公司副总，管理硬件生产和软件服务两个团队。2006 年 10 月被猎头公司推荐，成为西门子（中国）有限公司自动化与

李卫东

驱动集团在南京成立的动态称重与配料设备生产工厂总经理，当年带领团队完成西门子动态配料设备样机试制并通过国外专家审核，2008 年达到年产量超 100 套的规模，同年承担西门子在全球的动态配料系统和工业传感器业务的服务工作，成立亚太服务站。2012 年自主创业，成立南京妙胜自动化设备有限公司至今，为长三角区域内多家中小型企业开发定制专用自动化设备、机械手及生产流水线 30 多台（套），在工业机器人应用与开发方面积累了丰富的现场经验。2017 年再创立江苏同科光电科技有限公司，业务包含工业交换机、电子触摸交互一体化显示设备、工业用补光灯等三种产品的开发制造。

单湛　男，1977 年 8 月出生，江苏镇江人，1998 年毕业于镇江高等专科学校计算机应用技术专业。在校期间曾获校优秀三好学生、校优秀学生干部、校第二届十佳文明大学生、校计算机程序设计比赛（专业组）第二名等荣誉，现任 ABB 全资子公司控制技术业务单元食品及饮料全球业务经理。1998 年 9 月以来曾在金东纸业、

单　湛

德国 ThyssenKrupp 公司、ABB 全资子公司工作，被 ABB 集团总部评为 30 位

全球首席工程师之一。2008 年考入美国芝加哥大学商学院并取得高级管理人员工商管理硕士（EMBA）学位。2010 被任命为 ABB 控制技术业务单元战略项目经理，2012—2014 年任 ABB 全资子公司 Winmation 总经理，主导研发的新产品获得了世界"红点设计"工业大奖。2014—2015 年被任命为 ABB 控制技术业务单元亚太区商业发展经理并获得 ABB 集团 CEO"卓越运营"金奖。2015—2017 年被任命为控制技术业务单元全球系统及渠道运营经理。2017 年 8 月被任命为控制技术业务单元食品及饮料全球业务经理。

机械制造与自动化专业文化

专业背景

制造技术是制造业为国民经济建设和人民生活生产各种必需物质所使用的一切生产技术的总称，将原材料和其他生产要素经济合理地转化为可直接使用的具有较高附加值的成品、半成品或技术服务。机械制造与自动化技术是在传统制造技术的基础上结合电子、信息等现代管理高新技术的成果，并通过集成与综合优化，应用于产品设计、制造、检验、管理、使用全过程。

现代机械制造技术比较注重应用性，在原有制造技术的基础上不断实现突破，还将传统制造技术与新型制造技术进行充分的融合，借助优势互补的方式提高了生产效率与质量。机械制造技术不断优化生产工艺以提高生产效率，这样不仅能降低产品的生产成本，也能缩短产品加工与生产时间。例如，同时实现 CAD/CAM 使机械制造技术应用的范围越来越广，实现了计算机辅助机械制造设计的目标，并且在实际应用之后效果较好。

信息化与网络化技术被广泛地应用到各个领域，机械制造业也融入了相应的技术，从产品设计、零件加工，到市场状况分析，都可以借助网络技术来完成，这样能更好地辅助机械制造企业开展经营管理，打破以往时间和空间的限制。在信息化环境下，机械制造企业会面临较大的挑战，但这对其发展而言也是重要的机遇。因此，未来机械加工技术在应用领域能不断创新，取得较大突破，并且在网络化环境下，让各项资源高度集中，实现机械生产程序的统一管理，从而提高生产效率。

专业精神

随着信息技术的发展，智能制造已成为当今最为先进的制造模式。智能制造不仅对生产的产品提出了更为严苛的要求，也对智能制造人才的专业性和复合性等提出了新的要求。国务院总理李克强于 2016 年 3 月作政府工作报告时首次正式提出"工匠精神"，体现出在新时代、在《中国制造2025》战略文件要求下，"工匠精神"已成为中华民族极为重要的精神追求之一。工匠精神包含创新、敬业、细心等基本内容，将工匠精神与校园文化、教学活动结合起来，才能让学生热爱本职工作，并且在本职工作中不断创新，发挥个人更大的价值，为推动制造业发展贡献自己的一分力量。

1. 专注

古语云"术业有专攻"，只要选定一份职业，就应兢兢业业、专注对待。特别是对于需要将误差控制在 1 毫米甚至更小的范围内的一些精密产品，学生必须着眼于细节，保持专注、执着的心态，心无旁骛，按照要求完成任务。

2. 创新

在"大众创业、万众创新"的时代背景下，不断对现行的技术、工艺进行改良，是行业进步的根本动力。在完成本职工作的基础上，要积极寻求创新，敢于打破常规。

3. 精益求精

工匠精神，追求的不仅仅是从"0"到"1"的突破，更是从99%到99.9%的提升。就学生而言，无论是专业学习还是实践工作，都要精益求精。

代表人物

沈鸿 浙江海宁人，机械工程专家，1980 年当选中国科学院学部委员，中华人民共和国机械工业部（现已被撤销）高级工程师，中华人民共和国第一机械工业部（现已被撤销）副部长。沈鸿主持研制了中国第一台 12000 吨全焊接结构的锻造水压机，参与组织领导中国第一套火车车轮箍轧机的研制并获得成功，还带领团队研究设计并制造了许多重大机械设备，如三万吨模锻水压机、4200 毫米特厚钢板轧机等。早在 20 世纪 60 年代，沈鸿就考虑为中国机电技术人员编纂一套既广收中外理论知识，又实用、便查的手册，因此主持编写了《机械工程手册》和《电机工程手册》。这两大手册共 25 卷，总计 3000 万字，荣获 1982 年全国优秀科技图书奖一等奖，获得了机电工程界同行的高度评价。

沈鸿担任中华人民共和国第一机械工业部副部长期间，主持中国国防尖端工业所需九大设备（包括 840 种，1400 多台，总重量 45000 吨的复杂、精密的重大机器设备）的设计制造工作。沈鸿长期从事机械工程设备的研制和组织领导工作，为中国机械工业的发展做出了重要的贡献。

胡双钱　中国商飞上海飞机制造有限公司数控机床加工车间钳工组组长，是一位本领过人的飞机制造师，被称为"航空手艺人"，曾获全国劳动模范、全国五一劳动奖章、上海市质量金奖等荣誉。在30年的航空技术制造工作中，他经手的零件上千万，没有出现过一次质量差错。

1980年，技校毕业的胡双钱成为上海飞机制造厂的一名钳工。我国ARJ21新支线飞机研制项目和大型客机任务项目先后于2002年和2008年立项，中国人的大飞机梦因此被点燃。飞机制造任务让胡双钱忙了起来，他加工的零部件中，最大的将近5米，最小的比曲别针还小。胡双钱不仅要加工各类形状各异的零部件，有时还要临时"救急"。胡双钱一周有6天要泡在车间里，但他乐此不疲。他说："每天加工飞机零件，我的心里踏实，这种梦想成真的感觉是多少钱都买不来的。"

30年里，无数艰难时刻他都挺过去了，唯独"运十"飞机的命运成了他一辈子都无法释怀的心结。现在看到国家又重拾大飞机的梦想，他选择了一种特殊的方式延续再干30年的豪情——把技艺毫无保留地传授给更多有"大飞机梦"的年轻人。胡双钱说："参与研制中国的大飞机，是我最大的荣耀。早日看到我们自己的飞机安全地翱翔在蓝天，是我最大的愿望。"

专业沿革

镇江高等专科学校机械制造与自动化专业开设于1978年，40多年来已培养了共计6000多名毕业生，向苏南地区输送了大批优秀人才，为区域经济发展做出了积极贡献。

经过多年的建设与发展，机械制造与自动化专业已具备很好的发展基础。本专业现有专职教师23人，其中，有正高级职称的教师3人，有副高级及以上职称的教师占86.9%；博士生6名，硕士及以上学历者比例达到69.6%；"双师素质"教师占94.9%。可见，本专业教师团队具有较强的教科研及社会服务能力。为了提升人才培养水平、适应智能装备制造业人才需求，2005年，镇江高等专科学校紧紧围绕智能装备制造领域，初步构建了以机械制造与自动化为核心，由机电一体化技术、模具设计与制造、电气自动化技术等专业共同组成的机械制造与自动化专业群；2007年，申报建成了"江苏省数字化网络化模具设计与制造实训基地"；2011年，申报中央财政支持的"提升专业服务产业能力建设"重点专业获批；2012年，获批建设江苏省"先进制造业自动化技术综合实训基地"，同年，"机械制造与自动化专业群"获批为"江苏省高职高专院校重点专业群"；2014年，申报镇江高等专科学校产学研协同创新服务平台，2015年，获镇江市经济和信息化委员会批准立项建设；2016年，"江苏省产教深度融合实训平台项目"获批立项建设；2017年，获批江苏省高水平骨干专业。

20世纪90年代，我国高职教育处于1.0版时期，本专业建设过程中厘清了高职教育与普通本科教育的区别，对理论教学要求高，让学生打下扎实的理论基础，这一阶段的毕业生大部分成为企业的技术骨干，还有的成为创业典型。

2000年后，高职教育得到了大力发展，进入2.0版时期，本专业逐渐强化技能型人才的培养，以人才培养工作水平评估高职教育的水平。本专业在建设中分阶段增加对实验实训设备的投资，增强学生的操作技能，并开始注重培养校园文化，将著名教育家吕凤子先生的职业道德思想融入学生的职业素养培训中，最终以优异的成绩通过了2007年高职高专院校人才培养工作水平评估，获得了专家的高度认可。

2010年左右，随着每年大学毕业生人数的不断增加，就业竞争越来越激烈，高职教育的培养目标向技术技能型人才转变。借力国家级和省级项目，本专业得到了高速发展，软硬件条件大幅改善，更加重视人文素质的培养，逐渐形成了特有的校园文化。近年来，专业建设在变革与创新中不断适应社会对人才的需求，办学条件和师资力量日益雄厚。

专业特色

（一）基于"4F8M"课程模式，创建了三大课程体系

1. 构建了"GCD"职业能力课程体系

根据装备制造业所需的基础理论知识和行业通用技术技能，将行业知识能力素质要求转化为课程目标，形成行业通用能力（general ability）课程

模块，简称"G"；根据核心岗位能力，参照职业资格证书的要求，确定专业核心能力（core ability）课程模块，简称"C"；根据发展岗位要求和学生可持续发展要求，确定专业拓展能力（development ability）课程模块，简称"D"，由此形成了本专业的"GCD"职业能力课程体系，保障人才培养过程中"能胜岗"目标的实现。

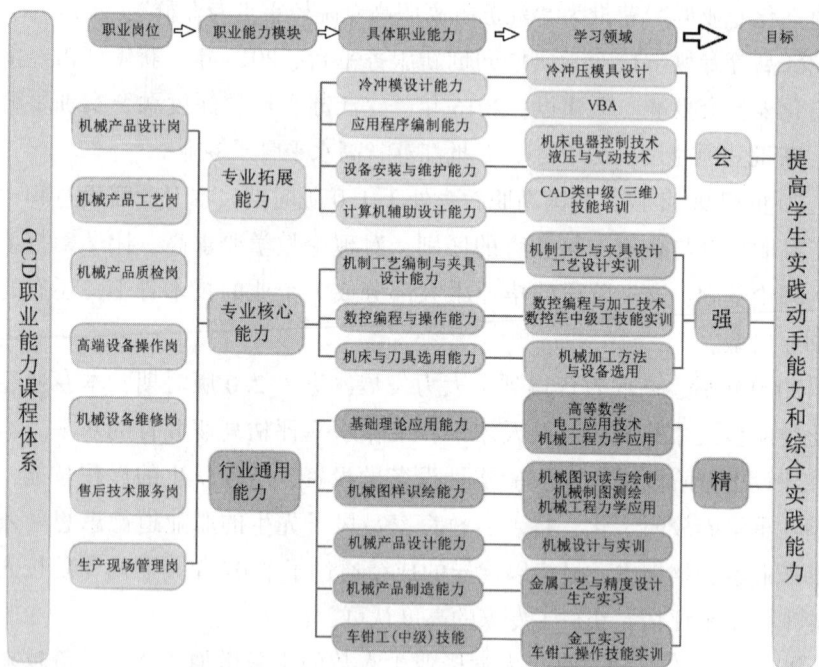

机械制造与自动化专业"GCD"职业能力课程体系

2. 构建了"137"实践教学体系

在体系构建中，紧紧围绕"实践动手能力和综合实践能力"这1条主线来设置实践课程，根据就业与发展的需要，按照"专业基础技能""岗位技能""综合创新能力"3个层次，设置了7个实践模块（行业通用技能模块、岗位核心技能模块、岗位拓展技能模块、技能竞赛模块、综合实训模块、创新实践模块、社会实践模块），共23个实训项目，通过校内和校外的实训基地来实施，有力地保障了实践教学的效果与专业能力的培养。

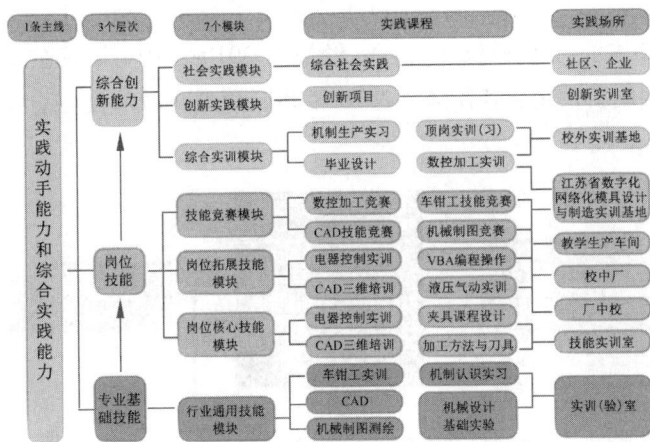

机械制造与自动化专业"137"实践教学体系

3. 构建了三元一体文化素质教育课程体系

通过建立三元一体文化素质教育课程体系，将培养学生的良好道德修养、法治意识、文化素质、安全文明生产意识、责任意识和职业道德素养、爱与美的教育等贯穿教学的全过程，实现了学生的全面发展。通过三元一体文化素质教育课程体系，进行基本的文化素质教育，通过专业课程渗透人文精神，通过丰富多彩的校园文化活动提升人文素质，确保素质教育落到实处。

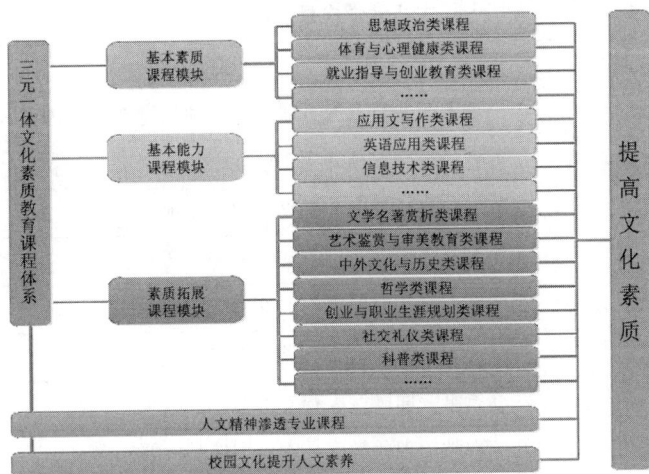

机械制造与自动化专业三元一体文化素质教育课程体系

（二）构建了开放的校企合作平台，推进产教深度融合

为了更好地服务地方经济，自 2010 年以来，机械制造与自动化专业集

合专业群优势，先后与江苏润模汽车检测装备有限公司、江苏柳工机械有限公司等 32 家企业开展校企合作，经历了 2010—2014 年校企紧密合作阶段、2015 年创新校企合作阶段、2016 年共同探索产教深度融合阶段，取得了丰硕的成果。

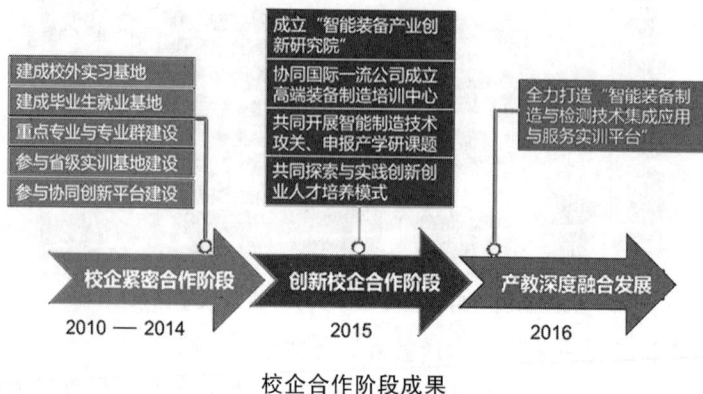

校企合作阶段成果

重点成果

机械制造与自动化专业在教学、科研等方面取得了一系列成果。

主要教学成果一览表

序号	成果类型	成果
1	教改项目	中国高等职业技术教育研究会立项课题 2 项（国家级）
		江苏省教育厅立项课题 1 项
		江苏省教育科学研究院立项课题 4 项
2	教材建设	2016 年江苏省高等学校重点教材 1 部
		高职高专"工学结合"特色教材 3 部
		21 世纪高等职业教育规划教材 2 部
3	省、市级奖励	江苏省第一届微课大赛二等奖
		江苏省教师现代教育技术应用作品大赛二等奖
		江苏省工科基础力学青年教师讲课竞赛三等奖
		镇江市"十佳教师"

主要科研成果一览表

序号	成果类型	成果
1	纵向科研项目	镇江市科技计划项目 4 项
2	横向科研项目	3 项
3	获得专利授权	获得授权专利 60 余项
4	论文	60 余篇论文发表于核心期刊，17 篇论文被 SCI、EI 收录

此外，机械制造与自动化专业充分发挥"大师工作室""江苏省高技能人才培养示范基地"的作用，为企业和社会提供技术服务：以工作室与专业教师为联合体，参与企业技术创新，解决技术难题，为企业带来了显著效益；以专业群教师为主实施的"助长小微企业计划"，已成功使 3 家小企业快速成长（此项目已作为校企合作的典型案例收录于《江苏省高等职业教育质量年度报告（2015）》）。

机械制造与自动化专业积极为企业提供各类技术咨询和技术服务，参与企业课题研究，为企业排忧解难；承担校内及企业人员培训，为镇江地区企业培训高级工 1560 人、技师 800 人、高级技师 87 人，为社会输送了大批高技能人才。另外，本专业承办了江苏技能状元大赛集训和镇江市职工技能大赛，荣获第三届江苏技能状元大赛优秀组织奖和江苏技能状元大赛优秀集训奖；承办了 2016 年第三届江苏技能状元大赛镇江市模具制造、数控加工中心两个项目的选拔赛，以及两个参赛项目的集训工作；承办了 2015 年镇江市职工钳工、数控加工中心技能大赛，以及 2016 年镇江新区和镇江市数控车工技能竞赛。

服务社会情况（部分）

序号	服务项目	数量	服务单位
1	社会培训	130 人次	江苏润模汽车检测装备有限公司
		360 人次	江苏齐航数控机床有限责任公司
		50 人次	常州市精艺机械制造有限公司
		500 人次	镇江中福马机械有限公司
		300 人次	镇江液压股份有限公司
		100 人次	镇江市丹徒区粮机厂
		298 人次	江苏索普（集团）有限公司

序号	服务项目	数量	服务单位
2	技术攻关	5项	江苏润模汽车检测装备有限公司
		4项	镇江市江南矿山机电设备有限公司
		2项	江苏华通动力重工有限公司
		6项	江苏齐航数控机床有限责任公司

　　本专业自开设以来，大批毕业生已成长为许多大型企业的高级主管，并取得骄人业绩。通过对毕业生的跟踪调查与分析，机械制造与自动化专业的学生毕业后就业状况良好，后续发展有力。

毕业生跟踪调查表 %

毕业年限	操作岗	技术骨干	基层管理	中层主管	高层主管	自主创业
3~5年	91.2	3.3	0.8	0	0	4.7
5~10年	49.7	21.8	11.9	3.4	0.9	12.3
10~20年	8.9	11.7	19.5	26.3	10.1	23.5

杰出校友

　　李岳洋　男，1986年5月出生，2008年6月毕业于镇江高等专科学校机械制造与自动化专业。在校期间担任班长，曾获校优秀毕业生等荣誉。现任江苏现代造船技术有限公司党支部书记、公司船型研发部机电室主任。2008年6月进入江苏现代造船技术有限公司，在工作岗位上充分结合在校所学专业知识，勤奋学习船舶工程实际应用技术，很快适应工作。工作以来从事各类船舶的初步

李岳洋

及详细设计工作，其中参与的大功率深海海洋平台支援船的设计是2008年江苏省重大科技成果转化项目，获得教育部科技进步奖二等奖；参与设计的海上风能发电运输专用船是2009年江苏省科技支撑项目，获得江苏省科

技进步奖二等奖。共申请专利9项，其中，发明专利4项（2项已授权），实用新型专利5项（3项已授权）。参与完成省、市级科研课题4项，多次获得省、市级奖励。先后获得"先进个人""优秀共产党员""优秀党务工作者"等多项荣誉称号。

孙翔飞　男，1978年10月出生，江苏丹阳人。2001年毕业于镇江高等专科学校机械制造与自动化专业，在校期间任社团部部长，获得校级三好生、优秀学生干部等荣誉。现任镇江尚沃电子有限公司总经理。2001年毕业后进入一家电子企业从事照明产品的研发技术工作，因吃苦耐劳，动手能力强，表现出色，很快被公司认可，分管开发、生产、采购工作。2008年自主

孙翔飞

创业，成立了镇江尚沃电子有限公司，公司主要生产、销售汽车LED灯。公司的发展速度从最初的年销售50万美元到现在年销售出口创汇500万美元。公司总面积有2500平方米，员工80人，管理团队8人，研发人员3人，生产的产品远销美国、德国、意大利、土耳其、俄罗斯、日本等国家。

药品生产技术专业文化

专业背景

医药产品是世界贸易增长最快的产品之一，世界医药市场的规模逐年扩大。医药行业是集约化、国际化程度很高，具有高技术含量、高附加值、高投入、高利益的行业，也是我国国民经济中发展最快、对专业人才需求最旺盛的行业之一。制药行业是技术密集型产业，实行从业人员准入制，对从业人员的素质要求高。制药类人才应具备较强的实践操作能力和综合素养，培养这类人才需要与行业企业密切合作，理论教学与生产实际紧密结合。

药品生产技术专业是镇江高等专科学校医药技术学院最早创办的专业之一。学校在专业建设过程中，积极践行"专业嵌入产业、产业指导专业"的建设理念，产学研优势明显，社会服务能力强。

医药技术学院在十多年的办学过程中，与校外行业企业合作紧密，拥有优势教学资源和先进实训基地，在江苏省内医药职业教育中处于领先地位。

药品生产技术专业配备了一支结构合理、素质优良的"双师型"校级教学团队，拥有 2012 年中央财政支持建设的国家级"工业分析与检验实训基地"、2018 年建成的虚拟仿真实训中心，以及校内实训室 12 个、长期合作的校外实训基地 15 个，已经成为有示范引领作用的专业，对区域医药的经济发展起着重要作用，是江苏省镇江市制药行业人才培养的重要基地。

专业精神

国务院总理李克强于 2016 年作政府工作报告时首次正式提出"培育精益求精的工匠精神"，为我国高职教育人才培养指明了新的方向。党的十九大报告提出建设知识型、技能型、创新型劳动者大军，弘扬劳模精神和工匠精神，营造劳动光荣的社会风尚和精益求精的敬业风气。培育和传承的工匠精神，具体包括扎实的专业技能、严谨细致的职业态度、热爱专注的敬业精神和与时俱进的创新精神，引导学生形成严谨专注、敬业专业、精益求精和追求卓越的品质。

根据《中华人民共和国药品管理法》，药品是指用于预防、治疗、诊断人的疾病，有目的地调节人的生理机能并规定有适应证或者功能主治、用法和用量的物质，包括中药、化学药物和生物制品等。药品质量与人的健康息息相关，因此，镇江高等专科学校药品生产技术专业落实"立德树人"根本任务，将社会主义核心价值观教育和吕凤子先生的"崇爱尚美"教育理念贯穿人才培养全过程，加强对学生认知能力、合作能力、创新能力和职业能力的培养。

代表人物

亚历山大·弗莱明（1881—1955 年） 英国微生物学家，青霉素的发现者，1945 年诺贝尔生理学或医学奖获得者。弗莱明于 1881 年 8 月 6 日出生在苏格兰基马尔诺克附近的一个小村子里，是家里 8 个孩子中最小的一个。13 岁时随其兄（开业医师）去伦敦，先在伦敦运输事务所工作了几年。由于意外地获得姑母的一笔遗产，他放弃了工作，进入伦敦大学圣玛丽医学院学习。毕业后，他没有选择收入更高的医生职业，而是接受其老师赖特博士的邀请，留在圣玛丽医学院的研究室里，帮助赖特博士进行相关研究。也正是从那时候起，他立志把医学研究作为毕生的事业。但在其后的 8 年中，弗莱明并没有在实验室里取得显著的成就。第一次世界大战爆发后，弗莱明辗转于各个军医院，进行救死扶伤的工作。战后，他加紧进行细菌的研究工作，并于 1928 年发现了一种能够杀死细菌的抗生素——青霉素（盘尼西林）。1943 年，他被选为英国皇家学会会员。1944 年，弗莱明被英国皇家赐予爵士爵位。1945 年，也就是弗莱明发明青霉素之后的第 17 年，他获得诺贝尔生理学或医学奖。1948 年退休后，他担任赖特-弗莱明微生物研究所的所长。弗莱明是许多科学协会的名誉成员，被 18 所大学授予名誉博士学位。

屠呦呦 女，药学家，浙江宁波人，1951 年考入北京大学医学院药学系生药专业，1955 年毕业于北京医学院（今北京大学医学部）。毕业后接受中医培训两年半，并一直在中国中医研究院（2005 年更名为中国中医科学院）工作，其间晋升为硕士生导师、博士生导师。现为中国中医科学院首席科学家，终身研究员兼首席研究员，青蒿素研究开发中心主任，博士生导师，共和国勋章获得者。她多年从事中药和中西药结合研究工作，突出贡献是创制新型抗疟药青蒿素和双氢青蒿素。1972 年成功提取分子式为 $C_{15}H_{22}O_5$ 的无色结晶体，将其命名为青蒿素。因发现青蒿素———一种用于治疗疟疾的药物，挽救了全球特别是发展中国家数百万人的生命，她于2011 年 9 月获得拉斯克医学奖和葛兰素史克中国研发中心授予的"生命科学杰出成就奖"；于 2015 年 10 月获得诺贝尔生理学或医学奖，成为首位获科学类诺贝尔奖的中国人；于 2017 年 1 月 9 日获得 2016 年度国家最高科学技术奖。2018 年 12 月 18 日，党中央、国务院授予屠呦呦"改革先锋"称号，为其颁授"改革先锋奖章"。2019 年 5 月，屠呦呦入选福布斯中国科技女性 50 榜；2020 年 3 月，入选《时代周刊》100 位最具影响力女性人物榜。

专业沿革

2007 年 9 月，镇江高等专科学校化工系在原有应用化工技术、精细化工技术专业的基础上，结合地方经济发展需要，申请开设化学制药技术专业并获批准。

2008 年 9 月，化学制药技术专业首次招生，首批招生 40 人。

2015 年，根据学校发展需要，化学制药技术专业改革为注册招生。

2016 年，化学制药技术专业更名为药品生产技术专业并沿用至今。

专业特色

（一）依托"镇江市功能化学重点实验室"科研育人

镇江高等专科学校拥有镇江市功能化学重点实验室，近 5 年，该重点实验室人员承担江苏省自然科学基金项目等 10 余项科技项目；与多家企业开展产学研合作和科研课题联合攻关，到账经费 150 余万元。该重点实验室不仅是凝聚优秀人才的重要平台，也是镇江高等专科学校科技储备和可持续发展的重要基础。如何实现教学和科研的良性互动与有机统一，是关系到镇江高等专科学校高质量发展的关键。因此，药品生产技术专业依托市级重点实验室，以实验教学为切入点，以毕业论文（设计）为突破口，建立了"名师指导、基金引导、开放式实验教学"模式，全面提高学生科研创新能力。近3年，该重点实验室科研人员指导并完成江苏省大学生创新创业训练计划项目20余项；指导的学生毕业论文《三维多孔椴木电极的制备及其在微生物燃料电池中的研究》获得2019年江苏省普通高校本专科优秀毕业论文二等奖；在全校范围内的优秀论文汇报中获得优秀毕业论文一等奖1人次、二等奖2人次。

（二）"循序轮岗+工学交替"实践教学模式

药品生产技术专业生产型实训基地镇江先锋植保科技有限公司，每年接收该专业学生进行2个月的生产实训。区别于传统的企业实践，"循序轮岗+工学交替"是一种有效的实践教学模式，其核心在于以企业常态化生产为主导，根据生产流程的主要工序点数，将班级所有学生分成若干小组，分别融入工序岗位，各小组依照工序流程进行"循序轮岗"实训，学习小组成员在每个工序岗位上，以实践为主体，通过"工学交替"方式，完成每个工序单元的实践学习，培养专业操作技能和综合能力。该实践教学模式能在不影响企业生产节奏和进程的前提下，与企业生产合拍互动，促使全部学生融入生产实际中，并保证完成实践学习任务，提高操作技能和专业知识水平；同时还能与企业文化交融，实现培育职业素养的目标，充分体现了"能转岗+能胜岗"高技能人才培养模式，更好地激发了学生对未来职业发展的思考，提高学生的积极性和参与度。

重点成果

以"数字校园学习平台"为支撑，建设药品生产技术专业群教学资源库，丰富了教学资源，服务于专业建设与人才培养，满足了药品生产技术专业学生、药品生产及经营企业员工自主学习的需求。近年来，药品生产技术专业在课程建设、课题申报、论文发表及专利申报方面取得了一系列成果。

"数字校园学习平台"资源清单

序号	课程名称	资源形式	主要建设团队
1	药品质量管理技术	专业教学资源库	殷伟芬团队
2	药用微生物学	专业教学资源库	曹媛媛团队
3	定量化学分析技术（实验）教学视频资源建设	专业教学资源库	杨珍团队
4	有机化学实验实训教学视频资源建设	专业教学资源库	李婷团队
5	化学分析技术	专业教学资源库	杨珍团队
6	药品经营与管理	专业教学资源库	刘想团队
7	营养与健康	专业教学资源库	鲍艳霞团队
8	药理学	专业教学资源库	王美玲团队
9	生物化学	专业教学资源库	卢秀真团队

课题立项一览表

序号	项目名称	项目来源	经费/万元	负责人
1	高职高专移动学习教学模式创新研究和资源建设——以药学类专业课为例	江苏省教育科学研究院现代教育技术研究所	0.5	曹媛媛 刘想
2	基于现代信息技术的化学应用软件校本课程开发	江苏省教育科学研究院现代教育技术研究所	0.5	徐吉成 蒋艳
3	基于移动终端的高职院校课堂教学改革实践的研究	江苏省开放大学"十三五"规划	0.5	刘想
4	基于虚拟仿真技术实现气相色谱理实一体化教学改革的探究	镇江高等专科学校	0.5	刘想
5	药学类专业课实践环节移动教学创新模式研究	镇江高等专科学校	0.5	曹媛媛
6	创新创业教育融入理工科专业课程改革的研究与实践——以医药与化材学院为例	镇江高等专科学校	0.5	邱舒
7	药物仪器分析技术校本教材编写与研究	镇江高等专科学校	2.0	李婷

続表

序号	项目名称	项目来源	经费/万元	负责人
8	信息化环境下五星教学原理在"药物检验技术"课程的研究与实践	镇江高等专科学校	0.5	吴海燕
9	中药制剂分析技术移动信息化教学改革	镇江高等专科学校	0.5	李秋
10	线上与线下、理论与实践混合式教学模式的探索与实践——以气相色谱为例	镇江高等专科学校	0.5	刘想

论文发表一览表

序号	论文名称	期刊名称	发表日期	作者	级别
1	新型氯硝柳胺乙醇胺盐自乳化微乳剂杀螺效果研究	国际医学寄生虫病杂志	2015	易承学 等	国家级
2	氯硝柳胺乙醇胺盐自微乳释药系统的研制	农药	2015	易承学 等	中文核心
3	移动互联网时代下的移动信息化教学模式初探	教育现代化	2017	刘想	省级
4	气相色谱法测定蜂胶口腔喷剂中乙醇含量	预防医学论坛	2017	易承学 等	省级
5	正交试验优化冬凌草冷浸提取工艺	实用药物与临床	2017	易承学 等	国家级
6	丹皮酚 GC-MS 测定方法的建立及应用	实用药物与临床	2018	易承学 等	国家级
7	中药材中六六六和滴滴涕残留量检测方法的优化实验	职业与健康	2019	易承学 等	国家级
8	基于多媒体仿真技术实现气相色谱实验教学改革的探究	教育现代化	2018	刘想 等	省级
9	Palladium Nanoparticles Covered on Amine-Functionalized Mesoporous Hollow SiO_2 Spheres for the Reduction of 4-Nitrophenol	*Catalysis Letters*	2018	刘想 等	SCI
10	反吹-气相色谱法快速检测啤酒中的主要风味物质	中国酿造	2019	杨珍 等	中文核心

序号	论文名称	期刊名称	发表日期	作者	级别
11	Facilitating a High-performance Photocatalyst for Suzuki Reaction: Palladium Nanoparticles Immobilized on Reduced Graphene Oxide-doped Graphitic Carbon Nitride	*Applied Organometallic Chemistry*	2019	刘想 等	SCI

专利成果一览表

序号	专利名称	专利号	发明人	授权日期
1	一种用于亚临界流体萃取的溶剂储罐	2017211421376	王国喜	2018 年 5 月 11 日
2	一种用于亚临界流体萃取的蒸发罐	2017211417934	王国喜	2018 年 5 月 11 日
3	一种用于亚临界流体萃取的冷凝器	2017211421408	王国喜	2018 年 5 月 11 日
4	特拉匹韦双环吡咯烷中间体的制备方法	ZL201510870044.4	刘想 等	2018 年 11 月 13 日
5	氯硝柳胺乙醇胺盐自乳化微乳剂及其制法	ZL201510790100.3	易承学 等	2019 年 7 月 26 日

杰出校友

　　王聪聪　男，2012 年 7 月毕业于镇江高等专科学校化学制药技术专业。现在攻读中国药科大学制药工程专业博士学位，研究超临界流体技术，在校期间成绩优异，积极进取，专心科研。在成果方面，目前申请专利 3 项，授权 1 项，连续 3 年获得一等奖学金。在竞赛方面，连续两年参加国家制药工程设计竞赛，荣获国家二等奖、三等奖。在任职方面，担任班级班长和学院学生党支部书记，获得优秀学生干部等荣誉称号。

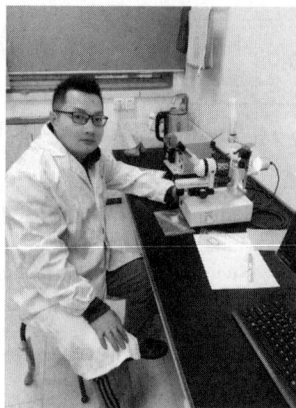

王聪聪

董亚群　男，2013 年 7 月毕业于镇江高等专科学校化学制药技术专业，本科毕业于东南大学成贤学院，后考入常州大学石油化工学院，获得研究生学历、硕士学位，专业为化学工程，研究方向为有机合成方法学，硕士期间申请了两项国家发明专利，以第一作者身份在 SCI 收录的 *Tetrahedron Letters* 和 *Chemical Communications* 期刊上发表了两篇文章，获得国家一等奖学金和校级科研实践奖。现攻读南京理工大学化工学院化学工程与技术专业博士学位，研究方向为新型钝感含能材料（炸药）的合成。

董亚群

陈加会　女，1989 年 2 月出生，江苏盐城人，2012 年 7 月毕业于镇江高等专科学校化学制药技术专业。2011 年 9 月考入南京医科大学康达学院药学本科专业；2013 年 7 月至今在南京医科大学第二附属医院工作，担任初级药师。其工作认真负责，坚决杜绝一切安全隐患，审核处方认真仔细，确保不出现任何差错，严谨求实的工作态度得到了同事和领导的肯定。

陈加会

朱璐飏　女，1990 年 11 月出生，江苏泰兴人，2012 年 7 月毕业于镇江高等专科学校化学制药技术专业，在校期间担任班长、学校学生会干部，曾获得优秀班长、三好学生等多项荣誉称号。毕业后就职于江苏扬子江药业集团有限公司，工作表现突出，先后培养了后备班长 6 名、办公室文员 3 名、工段长 4 名、设备工程师 2 名。带领班组人员一次性通过两次 GMP 复认证、一次 GMP 认证。多次受到公司的表彰，曾荣获年终先进个人称号，所带班组两次获得集团优秀工段称号。

朱璐飏

眼视光技术专业文化

专业背景

（一）眼健康产业发展背景

中国是眼视光需求大国，眼健康状况堪忧的问题正困扰大众，人们对眼健康重视程度大幅提升，在此背景下，人人都应该建立视觉健康档案，这预示着眼健康产业将成为大健康格局下的一个重要产业。目前，眼健康产业立体格局初显，最新权威数据显示，仅国内眼病诊疗市场规模就达到200亿元左右，如果将眼部保健、药品和器械，以及眼镜和护眼产品纳入其中，产业规模可达千亿元。

（二）眼视光技术专业人才需求

目前，我国眼视光行业工作人员主要由以下三类人员构成：

第一类是非专业人员，这类人员从初级、中级验光员到高级验光员，从技师到高级技师，除去工作时间（考技师和高级技师有工作年限要求），其学习眼视光相关知识的时间不到半年。

第二类是眼视光技术专业人员，这类人员以三年学制的专科生为主，本科生多数在医疗机构从事医护工作，在眼视光行业工作的并不多。这类学生虽然学习了眼视光相关知识，但大多数人在毕业时就拿到了高级验光员的证书，参加工作后继续考技师、高级技师证书的人并不多，参加继续教育的几乎没有。

第三类是跨界眼科医生，这类人员数量不多，但是目前影响力大，而且相对较为活跃。从眼科专业角度看，这类人员的专业能力和个人素养高；但从视光学的角度看，他们大多没有经过系统的专业学习，且远离眼视光一线。当然，也有少数跨界眼科医生继续学习眼视光技术，同时坚守眼视光一线工作，目前这类人算是中国真正的视光师，也是眼视光与眼科交叉融合的典范，但是人数极少。

我国开展眼视光教育20多年以来，培养了大批优秀的视光人才，但是对比我国对于眼视光人才的需求量，数量还是远远不够的。目前，我国的眼镜店约有8万家，相关的眼视光技师岗位等约30万个；中国二甲以上医院有近1万家，相关的眼视光医学岗位约4万个。我国眼视光技术专业办学起步晚，主要分眼视光医学、视光学和眼视光技术 3 个专业，在全国院校开设的专业中占比很小。我国近视人员约 6 亿人，其中，青少年占 50%～60%，形势严峻。我国目前有近百所开设眼视光技术专业的院校，每年培养出来的理学和医学眼视光学生只有三四千人，大多就职于东南沿海城市，中西部地区眼视光技术专业人才紧缺。

（三）镇江高等专科学校眼视光技术专业的发展背景

眼镜产业是眼视光产业链中的重要环节，丹阳眼镜是中国眼镜行业的标杆，区域经济优势非常明显，丹阳地方政府已加快建设进程，突出特色亮点，深入挖掘眼镜文化的优势，注重多方位、多体量融合一体发展。随着丹阳眼镜小镇（视界小镇）项目的启动，小镇围绕眼镜产业转型升级，挖掘眼镜产业价值、文化内涵、时尚元素，促进运河风光与时尚文化的有机融合、工业遗址与城市新貌的完美融合、产业品牌与城市名片的深度叠加，形成全周期体验、全域化旅游、全方位升级的国际眼镜双创基地和城市品质提升的新地标。丹阳地方政府正在努力把丹阳眼镜小镇打造成为在江苏省具有竞争力的特色小镇，通过特色小镇建设，构建丹阳眼镜产业全产业链，带动眼镜产业发展，整体提升丹阳眼镜产业竞争力。

在此背景下，由地方政府、行业协会共同参与指导，同时结合行业人才培养和区域经济发展需要，镇江高等专科学校和眼视光企业联合构建与产业统筹发展格局相配套的眼视光教育人才链，打造眼视光产业链应用型人才培养基地、高管培训基地、技术孵化基地，合力助推眼视光产业发展。

专业精神

（一）传承"文化育人、实践育人"的教育精神

镇江高等专科学校的办学渊源可以追溯到 1912 年我国职业教育先行者、著名国画大师、教育家吕凤子先生创办的正则女校，距今已有百年历史。学校传承吕凤子先生"崇爱尚美"的教育思想，坚持以学生的发展为中心，全面关爱学生，形成了"人文素养+职业能力＝可持续发展素质"的办学特色，铸就了"文化育人、实践育人"的教育精神。

（二）培育工匠精神和品质

2016 年，国务院总理李克强在作政府工作报告时首次提出"培育精益求精的工匠精神"。回顾吕凤子先生毕生所做的办学、教书、画画三件大事，工匠精神的特质"耐心、专注、坚持、创新"贯穿他的教育实践过程。无论是"三办正则"的义举，还是"人生制作即艺术制作"的追求，抑或是"尊异成异"的努力、"正则绣"的创造，又或者是"流尽我们的泪与血""长留千古热"的坚持，都值得我们崇敬、深思、传承。我们要发扬吕凤子先生的正则精神，在培养新时代各行各业的"卓越工匠"上做出新的努力。

眼视光技术专业建设发展中，学校始终将工匠精神培育融入教育教学环节。以与企业合作共建的眼视光技术人才培训基地为试点，大力推进生产实践体验，探索并推进"校中店、厂中校"等育人模式，使专业学生在校期间就能够在真实的职业环境中体验学习，严把实践教育质量关。紧密依托眼视光产业、国内一流眼视光医院、丹阳眼镜品牌企业、知名眼视光技术专业院校，组织开展"大国工匠进校园"活动，聘请一线技师和高技能人才兼职授课，充分发挥学校和产业资源优势，根据产业发展需要和学生志向，鼓励开设职业技能类选修课程。

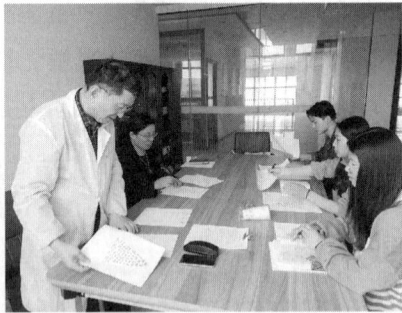

领军企业创新平台，发明专家亲授创新专利经验

代表人物

瞿佳 1955 年出生，我国眼视光学高等教育的主要开创者，温州医科大学教授、博士生导师。曾担任温州医科大学校长，国家眼视光工程技术

研究中心主任、国家眼耳鼻喉疾病临床医学研究中心主任等，领导的科研团队取得的多项研究成果达到国际先进水平，其中2项获国家科技进步奖二等奖。瞿佳于1978年4月考入温州医学院，后成为著名眼科专家缪天荣教授的研究生。1992年，瞿佳开始进入温州医科大学校级领导班子，2002年5月起担任校长。在他的带领下，温州医科大学开创了让国际眼视光学界赞誉的"眼视光学教育的中国模式"，创建了中国第一家眼视光医院。他还为温州和温州医科大学引进了一批高端人才，例如，他曾多次到广州诚邀李校堃出任温州医科大学药学院院长，现在李校堃已是温州医科大学校长；还请了美国纽约大学环境医学研究所终身教授黄传书、国际纳米研究领域领军人物戴黎明、昆虫学家杜永均、环境学家张明华等国内外知名学者到温州医科大学任职。

汤龙保 丹阳市眼镜商会会长，镇江万新光学眼镜有限公司董事长兼总经理、党支部书记。他经营的万新光学集团从小到大、由弱到强，历经坎坷的发展过程，见证了中国民营经济的壮大和中国制造的崛起。1971年，汤龙保进入队办企业大坟眼镜厂成为一名磨片工，20多年从学徒工、技术工、车间主任一路做到了经营副厂长。1992年，汤龙保成为万新眼镜公司的当家人，带队参加香港国际眼镜展，成功打开了国际市场。1993年，汤龙保成为中国生产树脂镜片第一人。2002年，"万新"成为领跑中国眼镜行业的龙头企业。2005年，"万新"被认定为中国驰名商标，是眼镜生产制造业第一家获评中国驰名商标的企业，因此他被誉为"万新之魂"。汤龙保先后被评为镇江市劳动模范、镇江市优秀共产党员、江苏省劳动模范、轻工行业劳动模范，获得镇江市人民奖章、全国五一劳动奖章。

董诺 镇江高等专科学校眼视光技术专业产业教授，美国 Baylor 医学院博士后，厦门大学附属厦门眼科中心主任医师，镇江康复眼科医院院长，海峡两岸医药卫生交流协会眼科学委员会秘书、中国中西医结合学会眼科专业委员会全国眼肿瘤学组委员、中国医疗保健国际交流促进会眼科分会青年委员。董诺教授对常见和难治性眼科疾病有长达16年的丰富临床经验，年门诊量1万余人次，在白内障超声乳化术、角膜移植等方面有丰富的临床经验，迄今为止主刀眼表、角膜及白内障手术8000余台，成功率达99%以上，远期疗效好。董诺教授重视严重致盲性角膜疾病临床与基础相结合的应用研究，为很多患者消除了病痛，先后主持和参与国家、省市级课题33项，多次赴美国进行眼表疾病领域的学术交流。在教学方面，董诺教授不仅承担厦门大学医学院、漳州卫生职业学院的授课、临床实习带教工作，并且作为硕士生导师培养了 4 名硕士研究生，参与培养了 4 名博士生、2 名博士后。

潘学龙　镇江高等专科学校眼视光技术专业产业教授，南京医科大学第四临床医学院客座教授，中国医科大学眼科学系客座教授，中华医学会眼科学分会委员，中国轻工业联合会科学技术奖励评审委员，国家职业技能鉴定高级考评员，江苏省眼镜协会视光师资格认定专家委员会特聘专家，江苏省企业首席技师，科技部"国家火炬计划"2006GH553219 CR-39 技术研发项目技术总负责人，镇江市"金山英才"高技能领军人才，丹阳市"潘学龙高技能人才工作室"领衔人。2006 年，潘学龙负责的棱镜式组合透镜被科技部列为"国家火炬计划"项目；同年 12 月，教育部、全国学生近视眼防治工作专家指导组、国家重点实验室、卫生部（现国家卫生健康委员会）、视光学研究中心联合对"棱镜式组合透镜预防和控制青少年近视"的安全性、有效性进行鉴定；2007 年，棱镜式组合透镜预防控制青少年近视通过江苏省卫生厅（现江苏省卫生健康委员会）"学习减负镜对预防和控制青少年近视效果的应用研究"流行病学认证。2015 年 8 月，潘学龙编写的《如何防治近视才有效》由军事医学科学出版社第 12 次再版。

专业沿革

（一）专业申报阶段

2008 年，镇江高等专科学校开始筹建眼视光技术专业，新建专业团队赴温州、南京、无锡等地考察学习。

2011 年 6 月，眼视光技术专业申报成功。

2011 年 7 月，眼视光技术专业先后选派 7 名教师赴金陵科技学院进修学习。

2011 年 11 月，校企合作共建签约仪式在镇江高等专科学校隆重举行。

（二）专业建设阶段

2012 年 8 月，眼视光技术专业招收首批学生。9 月 25 日下午，眼视光技术专业特邀眼镜行业龙头企业的首席技师、著名视光学专家潘学龙来校做讲座，为首批学生引航。潘学龙以自己扎实的专业知识和通俗睿智的语言将眼睛健康、医学、视光学三块内容有机结合，深入浅出、条分缕析地介绍眼视光技术专业。此次讲座让眼视光技术专业的首批学生对视光学的发展有了更全面的认识，也拉开了"眼视光技术专家进课堂系列主题活动"的序幕。

2013年7月，眼视光技术专业学生获邀参加由万新光学集团举办的全国"雏鹰启航"大学生培养计划项目。

2014年10月，在行业专家的指导下，镇江高等专科学校"实用新型多功能眼镜夹片的探究"项目在江苏省大学生创新创业优秀成果交流展示会上展示。该项目在参展期间获得了较大的关注，并接受了《江苏教育报》记者的采访，11月5日出版的《江苏教育报》以《创新服务生活　智慧领航青春》为题对其进行了报道。

作为教学内容中重要的实践环节，眼视光技术专业教学团队组织、带领学生前往中国（上海）国际眼镜业展览会等国际顶级展会参观学习，增强学生的专业认知能力，进一步开拓视野，激发学习热情。

（三）开拓提升阶段

2017年12月7日，以全国人大常委会委员、全国人大教科文卫委员会副主任委员、中国民办教育协会会长、著名教育专家王佐书教授为调研组长的中国职业教育创新联盟调研镇江高等专科学校校企合作共建专业办学情况，以眼视光技术专业为改革试点专业，开办专业建设研讨会。

2018年9月26日，在首都医科大学附属北京儿童医院，校长丁钢代表学校与院方代表签订校医合作框架协议书，以双方合作共建的形式共同推进眼视光技术专业人才培养工作。

2019年3月21日，华厦眼科医院集团副总裁张昊志、执行董事丁旭辉、科教管理中心总监王强、华厦眼科学院副总监唐坤松，华厦眼科医院集团镇江康复眼科医院副院长赵治、副总经理徐晨应邀来镇江高等专科学校考察访问。双方探讨了政校企合作共建附属医院（眼视光中心）的建设思路，以及大健康专业群人才培养的合作框架。

2019年5月23日，镇江高等专科学校就合作项目与华厦眼科医院集团正式签约，签署了合作共建"眼视光专业学院"框架协议，未来将在医教研等方面密切交流、深化合作，以医助教、以教促医，共同为社会培养高素质的医学人才，助推中国眼科与眼视光事业不断发展。

2019年11月2日，亚洲眼视光执业管理协会会长陈家伟一行莅临镇江高等专科学校交流访问，就眼视光技术专业人才的学习、学历提升模式，多样化、国际化的交流学习形式，以及学校未来与AOMA、禾目视觉健康平台的合作进行了深入的交流与讨论。同日，亚洲眼视光执业管理协会培训中心暨镇江高等专科学校眼视光产业学院揭牌仪式在中国"眼镜之都"——丹阳盛大启动。依托丹阳市眼镜产业优势资源，行业领军企业将充分发挥平台优势，并联合丹阳地区产业集群的资源优势，为视觉健康人才培训体系的建设奠定良好基础，从而为行业输送优质的视光人才，共同提升眼视光人才专业能力，推进眼视光大健康服务。

2020年12月28日，首期"万新光学班"学生定向培养项目正式签约。学校将与合作企业共同努力，将"万新光学人才订单班"项目打造成常态化育人模式典范。按合作项目协议，企业与学校将共同培养学生，万新光学集团全额承担"万新班"学生三年的学费，并提供两年生活补助费。

政校企联合举行"眼视光产业学院"揭牌仪式

专业特色

（一）校企合作组建专业指导委员会，联合编制眼视光人才培养方案

为了促进学校眼视光技术专业建设，提升专业办学水平，使教学内容

与行业发展需求相适应，镇江康复眼科医院推荐资深行业专家作为镇江高等专科学校专业指导委员会成员，参与学校眼视光技术专业人才培养方案的编制和修订工作。

（二）青年专家和行业专家担任产业教授，提升人才培养水平

为充分发挥镇江康复眼科医院专家资源优势，学校于 2019 年聘请院方青年专家、院长董诺担任眼视光技术专业产业教授，由董诺领衔的镇江康复眼科医院专家团队承担了学校眼视光技术专业建设、实训基地建设、创新人才培养等工作。

董诺团队领衔开展了"眼科学和视光学技术应用现状及发展趋势研究""儿童青少年近视防控"等专题讲座，他们以开拓的视野、渊博的学识不断启迪学生，运用丰富生动的眼科、视光学等交叉学科案例，向专业学生介绍我国常见眼病及其病因、青少年近视现状、视觉健康行业现状、近视离焦原理及全新应用、屈光手术全新进展、眼保健新技术等，激发了专业学生对眼健康这个产业的想象力和求知欲，引导专业学生规划人生目标、确定职业方向。在新冠肺炎疫情发生后，镇江康复眼科医院联合镇江高等专科学校，通过学校官方微信平台向全体师生发起了"疫情之下呵护眼健康"倡议书。

（三）共同打造核心课程专家团队授课模式，编写工学结合实训指导教材

镇江康复眼科医院董诺团队专家通过创新教学模式，改革眼科学、眼保健技术等核心课程教学内容及模式，采用核心课程专家团队授课模式。每位专家结合自己的专长选择一个主讲专题，取得了非常好的效果。在新冠肺炎疫情防控期间，董诺团队专家助力学校专业教学，通过学习通平台开设了"眼科学与眼病学"系列专家课程。为了使实训教材有更好的适用性，学校组织校内外专兼职教师共同开发专业实训指导教材。

（四）院校联合开展校园视力普查等，项目化育人初显成效

2019 年年初，学校与华厦眼科医院集团达成初步合作共建协议，为校企合作育人搭建了重要的创新发展新平台。按照学校倡导的"校企融合育人"理念，践行"三全育人"的原则，充分利用华厦眼科医院集团的综合建设资源，眼视光技术专业学生积极参与由镇江市康复眼科医院（华厦眼

科医院集团分公司）牵头的"镇江市儿童青少年近视防控"项目。院校协同协作，精心设计实训方案，院方选派专家刘晓宁担任校方实训人员的培训指导老师。

2019 年，镇江市青少年近视防控与视力筛查工作分上下两学期开展，总历时近 3 个月，院校联合完成了对镇江辖区 3 万余名中小学生的眼健康专业检查，5 名眼视光技术专业学生获得院校联合颁发的"优秀实践学员"荣誉证书。镇江电视台新闻综合频道以"'目'浴阳光　预防近视"为题，报道了院校联合开展的校园视力普查项目。

院校牵手合作，探索实施眼健康校园筛查项目使青少年近视预防更有效、更有意义，将专业育人贯穿实训项目的方方面面，将实训项目延伸到真实的校外实践大课堂，成功实现了校内校外育人空间衔接无空档，形成校企融合的"三全育人"新格局，探索实施了课程育人、实践育人、服务育人的新体系，项目化育人已初显成效。

重点成果

（一）课程教材资源开发

1. 在线课程的相关资源建设

通过与国家眼镜产品质量监督检验中心、万新光学、明月光学、中国眼镜城的知名眼镜门店合作，打造系列高水平的在线课程资源，如"验光技术""配镜技术""眼镜质量检测与管理""视光学基础"等。

2. 校企合作教材建设

完善眼视光技术专业首部校企合作教材《丹阳眼镜·特别纪念版》（合作企业：万新光学、格林视通等）；联合企业合作开发校本教材《眼镜企业生产实训与管理》（合作企业：明月光学、格林视通等）。这两本教材均在建设中。

（二）实验实训基地和平台建设

（1）2016 年 11 月开始建设在线虚拟仿真实训室，在虚拟仿真软件里进行模拟验光和配镜。

（2）2017 年 4 月至 2018 年 12 月，新增 5 个校外实训基地（北京儿童医院、北京顶峰视觉科技、格林视通、宝岛丹阳分公司、优立光学）。

（3）2017年11月，校校、校企合作共建中高职一体化实训基地（镇江高等专科学校、扬州市江都区职业教育集团、北京顶峰视觉科技）；2018年，联合共建眼视光技术专业"3+3"试点班，开展合作招生和人才对接，并积极申报眼健康管理新专业。

（4）2018年6月，眼视光技术专业调整到医药与化材学院，新建实验实训平台。

（5）2018年12月，校企联合建设镇江高等专科学校眼视光服务实训中心暨禾目眼健康管理平台。

（三）学生创新创业训练

（1）2014年、2016年、2019年，专业教师带领学生参加江苏省眼镜行业技能大赛，获多项团体奖和个人特等奖、一等奖。

（2）2017年6月，申报6项大学生创新创业项目：

① 儿童专业训练型眼镜；

② 一种创新型在线"眼镜帮"；

③ 漂洋过海"共享"太阳镜；

④ 创意实用变色眼镜架的创业设计；

⑤ 实用3D眼镜改造探究；

⑥ 眼镜架的改良研究。

（3）2018年10月，获建省级大学生创新项目"实用3D眼镜改造探究""创意实用眼镜变色的探究""儿童斜弱视专业训练型眼镜""试镜架的实用性改良""漂洋过海共享太阳镜""一种便捷型在线'眼镜帮'"等6项。

（4）2018年9月，在行业专家的指导和帮助下遴选"U形视力（外观设计专利）""WIFI信号视力表（外观设计专利）""一种贝壳眼镜（外观设计与实用新型）"3项大创项目，申报实用新型产品专利。

（5）2018年10月，申报1项发明专利《一种水下激光冲击无模具渐进成形装置和方法》。

（四）人才培养模式改革

1. 开展形式丰富的职业规划指导会

2017年上半年和2018年下半年（2015级和2016级眼视光技术专业实

习前一学期)，国家眼镜产品质量监督检验中心、万新光学、明月光学、格林视通、台湾宝岛眼镜（江苏事业部）、南京吴良材、爱尔眼科（无锡分部）、镇江康复眼科医院、界牌眼科医院、北京顶峰视觉科技、中国眼镜网、上海镜趣网络科技有限公司、禾目视觉健康等二十多家企事业单位来学校招聘，开展职业规划指导会，预订优秀眼视光技术专业人才，真正实现了"校企深度合作、共育视光人才"。

2. 举行系列专题讲座

自专业建设以来，学校举行了数十场大型专家讲座，以进一步推动校企合作的无缝对接，让眼视光技术专业学生了解行业中具备匠人精神的企业家的成长过程，促使学生理解工匠精神，更好地将工匠精神融入今后的学习和生活中。行业专家以一场场生动的专业讲座，为学生讲述了眼视光行业国际前沿资讯和人才需求信息，开拓了学生的视野，为学生的专业学习引航。

3. 创新实践活动

校企合作开展"人才储备班"等创新实践活动，增强了专业活力，将学校教学计划中的课程与企业实践、生产过程融合，学生在企业一线体验到了真实的工作氛围，同时提高了办学效益和学校美誉度。

4. 开展优秀实习生经验交流会

每年开展以"做好传帮带，为实习和就业早做准备"为主题的眼视光技术专业优秀实习生经验交流会。优秀实习生代表与学弟、学妹们分享自己在实习过程中积累的经验，以真实的自身经历告诉学弟、学妹们知识储备的重要性，无论是在哪个实习岗位上，只有不断地学习、努力、坚持，才能取得成功。

（五）积极拓宽生源渠道，提高社会服务能力

1. 推进成人教育校企合作项目

目前，学校与万新光学合作的成人教育校企合作项目和万新学苑企业教学点已正式签约，首次合作就招收了近百人，取得开创性成绩；后期进一步推进与中国眼镜网、禾目视觉商学院、明月光学、格林视通、襄恩等知名企业合作建设教学点。

2. 积极申报江苏开放大学眼视光技术专业

江苏开放大学眼视光技术专业正在积极申报中，建成后，镇江高等专

科学校将成为唯一承担该专业的江苏开放大学，建成后的资源将覆盖全江苏省。

3. 开启面向社会人员招生的新局面

在学校党政主要领导的关心和指导下，专业教师深入眼视光产业一线，走访了万新光学集团、禾目视觉健康、中国（丹阳）眼镜城等行业领军企业和产业基地，调研面向社会人员开展全日制学历教育招生项目。通过考察交流，校企双方深入探讨了面向社会人员的学生教育、师资共建共享、在线课程资源建设、就业指导和服务等工作。

首届眼视光社招学历班于 2019 年 9 月全面开课，探索"送教入企""线上+线下教学"等创新教学模式，开启了校企合作办学的新局面。校企双方将以面向社会人员开展全日制学历教育为合作契机，在联合培养人才的过程中，为行业一线输送更多高素质技术技能人才，提高眼健康产品和服务质量，促进眼视光产业高质量发展，并打造镇江高等专科学校的特色教育品牌。

社招学员开学典礼

（六）校际交流合作

2016 年 10 月，学校启动与南京医科大学、金陵科技学院等优秀眼视光技术专业院校合作办学项目，通过师资互派、学分互换等，全力推行和实施专科与技术本科衔接，探索和实践"3+2""海外交流生"等多种模式的学习形式，构建多层次人才培养体系，培养学生的竞争意识和竞争能力。

校际交流学习

（七）教育教学研究与改革

1. 科研课题

近年来，眼视光技术专业教学团队的 20 多项校级、市级课题获得立项，如"校地共建眼视光技术创新载体模式""眼视光产业学院路径研究"等项目。

2. 研究报告和论文

专业教师撰写和发表了《校企合作构建特色高职校园文化的途径探索》《眼视光技术专业现代学徒制人才培养模式的研究与实践》《产业转型升级视角下特色小镇培育与建设研究——以丹阳眼镜风尚小镇为例》等研究报告和论文 20 余篇。

杰出校友

孟婷苇　女，中共党员，2012 年 9 月考入镇江高等专科学校眼视光技术专业（首届），现就职于浙江大学医学院附属第二医院眼科中心视光部。在校期间认真学习，积极参加专业实践活动，大学三年一直担任班长，并先后获得"军训先进个人""优秀学生干部""校级三好学生标兵"等荣誉称号。2015 年毕业后进入欧普康视科技股份有限公司工作，同年，参加

孟婷苇

成人高考考入浙江理工大学嘉兴学院临床医学专业，2019 年顺利毕业并获得学士学位证书。2016 年 6 月，进入浙江大学医学院附属第二医院眼科中心视光部工作至今，主要负责角膜塑形镜、RGP 等隐形眼镜验配工作。

耿腾腾　女，江苏邳州人，中共党员，2013 年 9 月考入镇江高等专科学校，任眼视光 2013 级班长，2016 年毕业，在校期间两次获得国家励志奖学金，以及"优秀学生干部""三好学生""优秀毕业生"等称号。2020 年 9 月，取得南京医科大学（专转本）本科学历。现为国家二级验光技师、高级定配工、2020 年度 IAOA 会员。2015 年 7 月，在江苏

耿腾腾（左）

明月光电科技有限公司（现明月镜片股份有限公司）担任培训师一职，负责全国明月镜片经销商营销队伍的培训工作。2017 年 1 月，入职华夏眼科医院集团新沂复兴眼耳鼻喉医院，担任验光师一职，曾获"销售冠军""优秀员工"等荣誉称号。2020 年 8 月华夏眼科医院集团邳州分院成立，同月，耿腾腾被调到邳州市视明眼科医院负责筹备科室成立事宜，医院运营后，任验光室负责人一职。

石贺元　男，江苏连云港人，2013 年 9 月考入镇江高等专科学校眼视光技术专业，后荣获"优秀毕业生"称号。2019 年 9 月取得南京金陵科技学院（专升本）本科学历。现为国家二级验光技师、高级定配工。2015 年 7 月，在江苏万新光学集团有限公司担任培训师，负责万新学苑知新分校与总苑技能班培训工作；参与万新光学学苑和上海交通大学安泰经济与管理学院 EMBA 班带教工作，并参与万

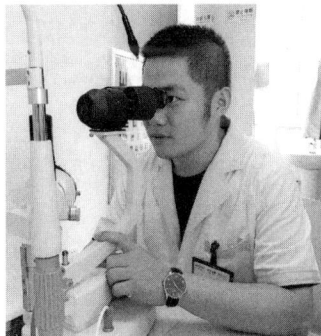

石贺元

新光学集团与南京师范大学中北学院实训基地及实验室的筹备工作，直至实训基地进入正常工作状态。同年，参加国家体验式培训学习，获得国家体验式培训导师中级证书。2018 年，入职欧普康视科技股份有限公司，担任连云港市第一人民医院眼科视光中心负责人，同年 9 月，被调往淮安市第一人民医院担任眼科视光中心负责人，负责常规运营管理至今。

护理专业文化

专业背景

护理学（nursing science）属于自然科学范畴，是医学科学的一个组成部分。护士就是以护理专业知识和技能为人类健康服务的科技工作者。护理学的发展经过了漫长的历史时期，每个时期的护理都有其自身的特点，都带有特定的时代及历史背景下科学发展的烙印。

（一）古代护理

"医护为一体"是古代护理的特点之一。19世纪之前，世界各国都没有护理专业。被古希腊誉为"医学之父"的希波克拉底（Hippocrates）就很重视护理，他教患者漱洗口腔，指导精神病患者欣赏音乐，调理心脏病、肾脏病患者的饮食。从现代观点看，这些都是有益于患者康复的护理。我国传统医学著作中并无"护理"二字，但中医治病的一个重要原则是"三分治，七分养"，它包括改善患者的休养环境和心态，加强营养，注重动、静结合的体质锻炼等，这些都是中医辨证施护的精华。名医华佗，擅长外科，医术高明，且医护兼任。明代中药学著作《本草纲目》的作者李时珍是著名的药学家，他能医善护，为患者煎药、喂药，被传为佳话。我国最早的医学经典著作《黄帝内经》中记载着"不治已病治未病"的保健思想，以及"闭户塞牖，系之病者，数问其情，以从其意"，强调了解、关心患者疾苦，进行针对性疏导的整体观点。唐代杰出医药学家孙思邈创造的葱叶去尖插入尿道，引出尿液的导尿术；明代、清代医者为防治瘟病而采用的燃烧艾叶、喷洒雄黄酒对空气及周围环境进行消毒，用蒸汽消毒法处理传染病患者的衣物等护理技术，至今仍不失其科学意义。

（二）近代护理

1. 近代国外护理专业的形成及发展

19世纪中叶以前，世界各国没有正规的护理专业，医院也很少，医疗与护理没有明显的区别，治疗与护理多由教会承担，修女出于爱心及宗教意识为患者提供生活照料及精神安慰。因此，护理在当时没有科学的内容，护理人员也不必接受正规教育。近代医学的发展为建立近代护理学奠定了理论基础，提供了实践发展的条件。

19世纪中叶，弗洛伦斯·南丁格尔（Florence Nightingale，1820—1910年）首创了科学的护理专业，发展了以改善环境卫生、促进舒适和健康为基础的护理理念，使护理学逐步走上了科学的发展轨道及正规的教育渠道。国际上称这个时期为南丁格尔时期（Nightingale Period），这既是护理学发展的一个重要转折点，也是现代护理学的开始。

19世纪后期，随着科学的发展及医学的进步，各国经济、文化、教育、宗教的发展，以及妇女地位及人民生活水平的不断提高，医院数量不断增加，加上天花的大流行，社会对护理的需求不断增加。在此背景下，欧洲相继开设了一些护士训练班，护理的质量及地位有了一定的提高，护理的内涵也有了一定的科学性，现代护理从职业向专业发展。护理专业建立了完善的护理教育体制，护理向专业化方向发展，护理管理体制建立，临床护理分科。

2. 近代中国护理专业及教育的发展

作为四大文明古国之一，中国的医药学为人类的医药发展做出了很大的贡献。中国传统医学的特点是将人看成一个整体，建立了自己独特的理论体系及治疗方法，医、护、药不分离，强调护理及休养的重要性。中国古代医学书籍记载了许多护理知识及技术的内容，但当时的这些医学观点都没有将护理单独提出。

1887年，美国护士在上海妇孺医院开办护士训练班。

1888年，我国第一所护士学校在福州开办，首届只招收了3名女学生。那时医院的护理领导和护校校长、教师等多由外国人担任，护理教材、护理技术操作规程、护士的培训方法等都承袭了欧美模式。

1912年，中华护士会成立护士教育委员会，并对全国护校注册。

1914年6月，上海召开第一届全国护士代表大会。在这次会议上，钟茂芳是第一位被选为学会副会长的中国护士。

1915年，美国洛克菲勒基金会下属的罗氏基金会即美国中华医学基金会（CMB）出资购买了"北京协和医学堂"，经过扩充改造后将其更名为北京协和医学院。1920年，北京协和医学院建立了协和高等护士专科学校，这是中国第一所具有本科水平的护士学校。该校招收高中毕业生，学制3~4年，在燕京大学、金陵女子文理学院、东吴大学、岭南大学、齐鲁大学等

5 所大学设有预科，学生毕业后发给"护士"文凭。1920—1953 年，协和高等护士专科学校为国家培养了一批高水平护理师资和护理人才。

1922 年，中国加入国际护士会。

1925 年，中华护士会第一次派代表出席在芬兰召开的国际护士会会员代表会议。

1927 年，护士统一了服装。

1932 年，中央护士学校在南京成立，学制 3~4 年，这是中国第一所正规的公立护士学校。

1936 年，护士教育委员会成立。

1936 年，护士注册事宜开始实施。

（三）现代中国护理专业及教育的发展

1949 年中华人民共和国成立后，政府接管了公立及私立学校，当时接管的中等卫生学校有 228 所，其中，护士学校 126 所，助产士学校 51 所，其他学校 51 所。中华人民共和国成立后，护理专业得到了迅速的发展，特别是 1978 年至今，改革开放政策及人们健康意识的不断提高，使得护理学术活动活跃，这推动护理专业蓬勃发展。2011 年 4 月，护理学从临床医学下的二级学科被批准为一级学科，为中国护理事业的发展掀开了崭新的一页。

1950 年，第一届全国卫生工作会议在北京召开，会议对护理专业教育进行了统一规划，将护理专业教育列为中级专业教育之一，并规定了护士学校的招生条件，成立了教材编写委员会，出版了 21 本中级护理专业教材，为国家培养了大批中等专业护士。

1952 年，我国取消了高等护理教育，当时的主要目的是更快更好地培养护理人才，却导致护校教师、护理管理人员、科研人员青黄不接，甚至后继无人的后果，严重地阻碍了我国护理专业的发展。

1979 年，卫生部（现国家卫生健康委员会）先后颁发实施了《关于加强护理工作的意见》和《关于加强护理教育工作的意见》，中断的护校招生工作才陆续恢复。

1983 年，著名护理专家王琇瑛教授成为我国第一位南丁格尔奖章获得者。

1984 年 1 月，教育部、卫生部联合召开了全国护理学专业教育座谈会，提出积极开展多层次、多规格护理教育的要求。

1985 年，北京医科大学等 11 所医科大学设置护理本科专业。同时，大专护理、护理继续教育应运而生。一个中专、大专、本科齐全的护理教育体系已初具规模。

1995 年 6 月 25 日，全国护士执业资格考试首次举行，获得合格证书者方可申请注册。

2018 年，我国注册护士已超过 400 万人。

专业精神

对护士而言，护理精神是护士群体对社会的承诺，是专业精神在护理领域的具体体现。

（一）中国护理发展史蕴含着伟大的护理精神

中国护理的发展经过了古代、近代和现代三个阶段。医学和护理伴随着人类的出现而出现，古代护理学的形成受到生产力水平、社会文化环境、社会风气等因素的影响。原始社会形成了家庭母爱意识的原始护理方式，人类从同情心出发，关怀、照料伤者，这种发自内心的真诚照顾来自"视病患如亲人"的感情，也成为最初的护理形式。中国古代医疗与护理常常由医生一人承担，从原始社会到清末，形成了有时代特色的"辨证论治，辨证施护""整体护理""人与自然和谐""天人合一""三分治疗，七分护理""未病先防"等理论。面对生命，医者的德行甚为重要。医者孙思邈以济世一生为己任，以仁爱之心对病人一视同仁，要求医者"博极医源，精勤不倦"，诠释了高尚的医德，从其《千金方》中记载的"人命至重，有贵千金，一方济之，德逾于此"可见其对道德的重视。宋代文化氛围浓厚，注重医学的发展，以施医济众为高尚的道德，如宋代林逋曾言"无恒德者，不可以作医，人命死生之系"。明清医家注重专科护理，注重妇女的重要性，医者在面对分娩妇女时更加注重保持沉着冷静的心态。中国古代护理与中医学发展息息相关，传统医学"医护不分"。

近代护理学开始于美国传教士兼护士麦克奇尼（Elizabeth M. Mckechnie）将南丁格尔的护理理念带到中国，此后，西方的护理学在中国萌芽发展。传教士高度宣扬南丁格尔的仁慈、博爱、吃苦精神，并将其作为护理的职业要求，在学校教育中倡导护士善言善行的仁爱之心、为人民服务之心等。

现代护理学的发展使得中国逐渐加快了与世界的交流与合作，新技术的应用和现代化发展促使人们更加重视基础护理，强化整体护理理念，注重人的能力，强调"以人为本，以患者为中心"，构建和谐医患、护患、护护关系，重视人文关怀。

（二）南丁格尔誓言诠释护理专业的内涵和伟大精神

南丁格尔誓言涵盖了护理专业的标准、目的、操守等内容，诠释了护理专业的内涵和伟大精神。

（三）护理专业精神的独特内涵

对护理专业精神的研究已经历半个多世纪，不同学者对专业精神有不同的解析。综合不同学者研究的结果，把"护理专业精神"界定为护士群体共有的理想信念、价值追求、伦理习惯和道德规范，包含关怀、平等、自主、支持维护、慎独、行动负责、团结互助 7 个方面。

1. 关怀

关怀（caring）是一种发自内心的爱，含有关怀、爱护、照顾等内涵。关怀是护理实践的核心内容，也是护理工作的内在道德要求。它既是一种行为、一种伦理要求，又是一种道德情感或态度。它由同情、能力、自信、良心及承诺组成。美国学者 Leininger 曾指出护理即关怀，关怀即护理。美国科罗拉多大学的教授华生曾在自己的人性关怀理论中提出"人性关怀是护理学的本质"的观点，并将护理学拓展到以"关怀整体人的生命健康为本"的人文关怀发展阶段。护理产生于人类的需求，关怀是护理专业精神的本质。南丁格尔曾经指出：护士的工作对象不是冰冷的石头、木头和纸片，而是有热血和生命的人类。护理工作是精细艺术中最精细的，其中一个原因就是护士必须具有一颗同情心和一双愿意工作的手，这成了构建护理专业精神的基础和核心内容。没有关怀就没有护理；没有关怀就很难将专业知识和技能全部应用到护理服务之中。护理是一项需要倾注爱心的事业，护理人员应把关怀内化于心、外化于行，养成良好的行为习惯和职业风范，不断地超越自我，自觉地去感受和尊重生命，通过实践关怀生命、认识生命的价值。

医学模式的改变，使护理从简单的医嘱执行、医疗的附属转变成拥有独立专业知识体系和从业范围，可与医疗相提并论的卫生服务行业之一。护理模式也随之从功能制转变成整体护理模式。在整体护理模式的指引下，护士在针对患者的护理活动中，首先必须考虑患者的整体性，即患者的性格特征、生活习惯、文化信仰等，之后再对其进行个体化的护理，以达到维护健康的目的。这种新型的护理模式克服了以疾病为中心的护理的种种弊端，充分体现了以人为本的关怀精神。

2. 平等

在护理实践中，人人均应该得到同等的对待，得到平等的关心和尊重。平等待人是公正原则对护士提出的基本道德要求，是建立良好的护患关系的前提和基础。唐代孙思邈的《大医精诚》、希波克拉底誓言和《国际护士伦理准则》均倡导平等理念。护士要做到一视同仁，平等对待每一位患者。护士应充分尊重患者的人格、权利和尊严，向患者提供以人为本的整体护理服务。例如，护士不应对艾滋病患者、精神病患者、临终患者有成见，应平等地提供护理服务；不仅要平等对待患者，医护之间要平等相处。此外，在医护合作中，应消除男尊女卑的落后观念。

3. 自主

自主是指在护理领域中护士应凭借自身的知识、专业技能，独立自主地进行护理判断或决策，并对行为结果负责，能动地执行医嘱，而不是被动地执行医嘱。提高护士专业自主性的策略有建立完善的医院管理制度，扩大护理工作范围，加强护理学科建设，提高护理人员专业素质。当然，护士专业自主性的发挥是相对的。护士既要尊重医生的专业自主性，又要坚定不移地执行正确的医嘱，配合医生出色地完成诊疗活动。护士既要自主开展专业活动，又要尊重患者的自主决定权，提高患者自主生活的能力及应对疾病的能力，增强患者战胜疾病的信心。

4. 支持维护

护士不仅是医生的助手、照顾者、安慰者，还应当承担健康维护者的角色。因此，支持维护（advocacy）的理念受到了越来越多人的关注。支持维护是指护士要积极倡导并增进患者的健康，保障患者的安全和权利，为患者减轻痛苦，为患者提供优质的护理服务；要自信、敏锐地观察病情并具有敢于承担责任的勇气。护士群体要积极参与护理决策，促进护理事业的发展。本着患者利益至上的理念，护士应谴责并制止那些损害患者利益的医护行为或言论，关键时刻要挺身而出。

5. 慎独

慎独是指护士在独立开展工作或无人监督时，仍能按照操作程序与要求一丝不苟地完成各项护理工作。慎独既是一种美德、一种道德修养，也是护士专业精神的重要方面。实践证明：护士慎独意识不强，责任心与爱心就弱。慎独意识缺失的表现为工作不严谨、被动执行医嘱。为此，护士要加强批判性思维能力的培养，完善专业知识和专业技能。

6. 行动负责

行动负责（accountability）是指护士对自己所做的护理工作负有责任。《国际护士伦理准则》要求护士要履行四项基本职责：促进健康、预防疾病、维护健康和减轻痛苦。护理工作是根据护理知识和技能及患者的实际情况采取的措施，护士要对自己所采取的护理措施负责。护士应在护理实践中履行职责，并通过持续的学习来提升专业能力，在保证安全、尊重他人权利和尊严的前提下运用新的科学方法和技术。护士只有周密决策，高标准要求自己，才能在护理实践、管理、研究和教育等方面承担自己的责任。

7. 团结互助

团结互助是指护士与医生、护士与护士、护士与管理者、护士和医技人员、护士与社区工作人员之间均需要相互理解、相互配合，共同承担责任，同心同德、互敬互爱，共同为患者提供优质的护理服务。《国际护士伦理准则》要求护士保持与同事之间的合作关系；本着团结互助的精神，护士要鼓励患者共同参与护理决策及其实施过程，为患者提供合理的建议和方案，赢得患者的理解、尊重和信任。护士应具备极强的责任心，要关爱患者，充分考虑患者的利益。医护之间要精诚团结，共同承担责任，确保实现共同的目标。

代表人物

弗洛伦斯·南丁格尔　现代护理学先驱，妇女护士职业创始人，现代护理教育的奠基人，统计学家。

1820 年 5 月 12 日，南丁格尔出生于意大利佛罗伦萨一个富裕的家庭，从小受到良好的教育，曾就读于巴黎大学。

1850 年，她不顾家人的反对，到德国凯撒斯韦尔基督教女执士学校学习护理，并开始对英国、法国、德国等国家的护理工作进行考察与研究，写了不少护理学专著。

1853 年，她担任伦敦患病妇女护理会的监督。克里米亚战争期间，她极力向英国军方争取在战地开设医院，为士兵提供医疗护理服务。她分析过堆积如山的军事档案，指出在克里米亚战争中，大量英军死亡的原因是在战场外感染疾病，或在战场上受伤后没有得到适当的护理，真正死在战场上的人反而不多，她还用了统计学中的圆形图加以说明。

1854 年 10 月 21 日，南丁格尔和 38 位护士到克里米亚野战医院工作，成为该院的护士长，被称为"克里米亚的天使"，又被称为"提灯女神"。战争结束后，她被视为民族英雄。

1857 年，在她的努力下，英国皇家陆军卫生委员会成立。同年，军医学校成立。

1860 年，她用公众捐助的南丁格尔基金在英国圣托马斯医院内建立了世界上第一所正规护士学校——南丁格尔护士学校，推动了西欧各国乃至世界各地护理工作和护士教育的发展。随后，她又着手助产士及济贫院护士的培训工作。她的《医院笔记》《护理笔记》等主要著作成为医院管理、护士教育的基础教材。

为了表彰南丁格尔对护理事业的贡献，国际护士会将南丁格尔的诞生之日即 5 月 12 日定为国际护士节，并成立了南丁格尔国际护士基金会，此基金会主要为各国的优秀护士提供继续学习的奖学金。在南丁格尔逝世后的第二年，国际红十字会正式确定颁发南丁格尔奖章，这是国际护士的最高奖项。我国从 1983 年开始参加第 29 届南丁格尔奖章的评选活动，截至 2019 年，已有 80 名护理工作者获此殊荣。

2020 年是弗洛伦斯·南丁格尔 200 周年诞辰，弗洛伦斯·南丁格尔奖章委员会决定授予全世界所有因其人道行动而被剥夺自由的护士和助产士全球集体奖。与以往颁发的奖项不同，此次获得这一殊荣的不是个人，而是无须提名的整个群体。

钟茂芳 又名马凤珍，1884 年出生于南洋群岛的一个华侨家庭，

1909 年毕业于英国伦敦葛氏（Guy）医院，同年，回国后就职于天津北洋女医学堂（今天津市水阁医院）。她翻译的《牛津护理手册》成为当时西方传入中国较早的理论书籍之一，亦是当时中国护士学校的专用教材。

1915 年，钟茂芳就已是国际护士会的会员，并被选为荣誉副会长，为中国护理的发展和进步做出了历史性贡献。

钟茂芳还是护士这个职业称谓的命名者。100 多年前，不仅护理事业不受重视，护理工作者连正式称谓也没有。19 世纪，护理随西医进入中国，就有了专门照顾患者的职业，从业者多为女性，在西方称为"nurse"。英文"nurse"源于拉丁文字根"nutriy"，泛指养育、保护、维持生命、照顾老幼等。各国翻译"nurse"时，都围绕护理这个中心意思。比如，日本将其译为"看护"，从业人员被称为看护妇；我国从 1888 年在福建创建第一所护校开始，也称"护士"为"看护"，1909 年成立的相应社团组织叫作"中国看护组织联合会"，秋瑾女士翻译的护理专业书的书名就是《看护技术》；在医院里也有人直呼"nurse"，对于这些一直没有人提出疑义。1914 年 6 月，在中国从事护理工作的人们召开第一届代表大会，出席者是来自全国 8 省 21 所公立、私立教会医院的代表，共 24 人，其中外籍人员 23 人，中国人竟只有一位，她就是时任天津北洋女医学堂护校校长的钟茂芳。虽然只有一个中国人，但她却受到与会代表极大的尊重，被选为副理事长。在进行议案审理时，钟茂芳提出弃用"看护"一词，改称"护士"。她认为"看护"一词甚不合宜，为此她曾请教数位知名文学家，详加审议，广泛参考，提议选用"护士"代表英文"nurse"。她解释说，在中文里"护"的意思是照顾、保护，"士"是指知识分子或学者。她认为从事护理事业的人应是有学识的人，应称为"士"。"护士"就是指受过专业教育、经批准注册的专业技术人员，具有较高的职业意识，将"nurse"译为"护士"既融合东西方含义，也准确地表达了这一职业的文明与高尚，赋予护士尊重生命、护理生命的神圣职责。她的智慧解释，得到与会代表的赞同，她的提议获得现场代表的一致通过。从此，"护士"一词沿用至今已百余年。那次会议还将原来的"中国看护组织联合会"改名为"中国护士会"。

专业沿革

（一）镇江高等专科学校护理专业建设背景

1. 护理专业的特点、前景与人才培养情况

我国护理事业有着巨大的市场潜力和十分广阔的发展前景：首先，随着医疗卫生的改革深入，以及现代化医院医护比、床护比的达标，医院需要补充大量的护理人才；其次，随着我国老龄化进程加快，不断完善的养老服务机构的建立需要部分护理人才的加入；最后，随着医保体系不断健全，居民支付能力增强，人民群众日益提升的健康需求逐步得到释放。由于市场对护理专业人才的需求巨大，努力发展高等护理专业教育是适应护理人才需求的必由之路。

在护理教育方面，我国实行的是包括基础教育、毕业后教育、继续教育在内的连续统一的教育体系，并已形成了由中专、大专、本科到研究生的多层次护理教育体系。同时，我国还拥有多层次、多规格、多形式的护士在职教育、护士继续教育系统，这些教育形式对提高在职护士的综合素质起到了积极作用。我国临床护理工作人员中，中专学历的护士仍占大多数，护理学历的层次仍较低。

根据调查结果，医院对大专生的需求、评价明显优于中专生，护理大专生具备护理评估、护理诊断、制订护理计划及护理评价的能力，即完成整体护理的能力，同时还具备一定的护理科研、教学及管理能力，而护理本科生相比护理大专生，工作在临床一线的稳定性、延续性欠缺。

2. 人才培养交叉互补为开设护理专业明确定位

2013年以前，在镇江的学校中，江苏大学培养本科和研究生层次的护理专业人才，原镇江卫生学校培养中专层次的护理专业人才，没有专科层次的护理专业人才的培养，因此，专科层次的护理专业人才匮乏，使得医院及社区卫生服务中心对护理人才的需求不能得到满足。此外，本科层次的护理专业人才过渡性工作一两年后会调整到教、研、管理岗位，离开临床一线，缺乏稳定性和延续性，一线工作人员易流失，且现代化医院评审标准对中专层次护理人员的比例提出了一定的要求，故各医院对大专层次的高级应用型护理人才的需求日益增加。

因此，镇江高等专科学校设置护理专业，培养具有专科特色、能适应社会发展和卫生服务需求的高级应用型护理人才，可有效填补镇江市专科层次护理专业人才培养的空白，缓解镇江及周边地区乃至全国在护理专业领域人才紧缺的状况。

3. 良好的办学条件是开设护理专业的坚实基础

护理专业相关课程教学的专任专业教师有 47 名，其中，有高级职称者 19 名、中级职称者 14 名，硕士 21 名、博士 3 名，通过从三甲医院外聘、院校合作等方式，组建了一支既有理论知识又有丰富临床经验、教学经验的稳定的外聘教师队伍。校外实习医院有一批临床实践经验丰富，且有见习、实习带教指导经验的临床老师。从 1999 年开始，学校陆续与南京医科大学继续教育学院、江苏卫生健康职业学院、苏州大学继续教育学院联合办学，开设护理学（专科、专升本、专本连读）、临床医学（专科、专升本）、预防医学（专升本）专业，3 个专业注册学员有 1300 余人，培训学员累计 6400 余人次。

镇江高等专科学校卫生护理学院（原镇江卫生学校）经过 20 多年的发展，办学条件有了很大的改善。目前，学校拥有的校内实验实训基地、计算机房、多媒体演示教室、语音室、电化教室等硬件设施已能完全满足实践教学的需要。护理专业实训设备总值达 800 多万元，建有护理实训中心、技能实训中心两大校内实训基地，实验室设施完备，实验、实训开出率可达到 100%。学校拥有 15 家校外实习实训基地，完全可满足学生实训、实习的需要，带教者全是有中级以上职称、具有丰富临床带教经验的老师，为学生的实训、实习提供有力的保障。

根据护理专业的情况，无论是从师资队伍还是从教学设备方面衡量，实训、实习都具有良好的基础。上述有利条件均为学校开设高等护理专业提供了强有力的支持。

4. 充足的生源是开设护理专业的有力保障

近年来，我国高等教育主要是通过大力发展高等职业教育来推动高等教育大众化进程的，在今后相当长的一段时间内，高等教育大众化还需要继续发展，这为高等职业教育提供了更大的发展空间。与此同时，随着经济的不断发展和社会的不断进步，人们接受高等教育的愿望越来越强烈，而且国家大力发展职业教育，每年高中毕业生中将有很大一部分人进入高职高专学习。

根据护理事业可持续发展需要，学校在对江苏省及各地医疗卫生单位进行广泛深入调研的基础上，经过认真研究，于 2013 年申报护理专业，2014 年申报获批，此后，专科（三年制）护理专业开始招生。

（二）镇江高等专科学校护理专业建设情况

1. 基本情况

（1）师资结构。护理专业有一支年龄、职称、学历结构合理，科技服务能力强，教学水平高的优秀教学团队。此外，学院还聘请了来自临床一线的专家、技术能手近 40 人担任兼职教师服务于教学。

（2）教学资源。护理学院（含卫校）现有在线课程资源 29 门，基本实现核心专业课程的覆盖。

（3）实验实训。护理专业为镇江高等专科学校骨干专业，已建成校内实训基地，现有内科护理实训室、外科护理实训室、儿科护理实训室、妇产科护理实训室、护理学基础实训室、解剖实训室、急救实训基地等，总建筑面积约 4000 平方米，设备齐全且仪器种类丰富，仪器设备总价值达 2000 万元。学校持续更新并扩充部分实验实训室，2020 年斥资 600 多万元新建实验室项目。实训项目基本覆盖专业需求。

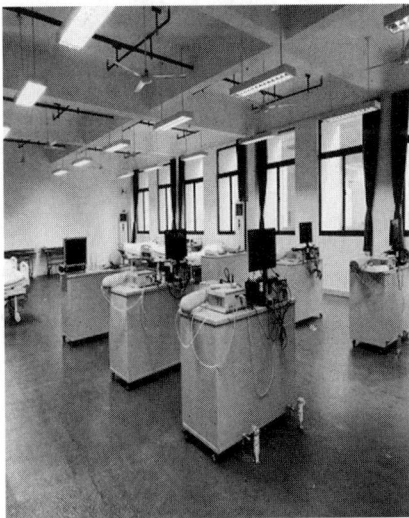

实验实训基地

（4）人才培养："贯通、联合、衔接"。

① 中高职"4+2"贯通长学制培养模式；

② 校院联合学徒制培养模式；

③ 职业教育与职业培训相衔接的培养模式。

（5）校企合作。护理学院建立 31 家校外实习医院，其中在 3 家驻点医院创建了良好的驻点班学习模式，毕业生综合素质高，能较好地满足用人单位的需求。

（6）医教协同："联动、合作、共融"。

① 建立医学人才招生、培养、就业、使用等方面的协同联动机制；

② 校企医合作，共同确定培养目标，共同开发、使用优质教学资源，共同开展人才培养质量评价；

③ 五大专业群教研共融、产教共融，构建完整的大健康学科体系。

2. 招生

2014 年镇江高等专科学校卫生护理学院新专业——护理专业开始招生。招生人数：2014 年 158 人；2015 年 479 人；2016 年 511 人；2017 年 441 人；2018 年 306 人；2019 年 382 人；2020 年 589 人。

3. 就业创业

学生护士执业资格考试通过率为 98% 以上。卫生护理学院 2019 届大专毕业生就业率达到 95.5%。

专业特色

（一）基地建设强

护理专业作为学校招生规模最大的专业之一，在素质教育、校园文化、社会服务等方面的优势突出。镇江高等专科学校健康素养教育基地、美国心脏协会（AHA）基础生命支持培训基地、镇江市红十字会急救培训基地、青春期健康教育基地的建成，不仅为学生提供了更丰富的技能训练、实践实训的场所，也为学生提供了获取相关技能证书的机会。

1. 镇江高等专科学校健康素养教育基地

该基地有牙齿、眼球等正常人体解剖结构标本、模型 973 件，有解剖学、胚胎学、应急救护等实验实训室 23 间，拥有临床医学、公共卫生、预防医学、中医学、护理学、眼视光学、体育教育训练学、体育教育学、运动训练等专业的教师 73 名，其中，有正高级职称者 2 名、副高级职称者 46 名，硕士以上学位研究生 33 名，健康管理师 2 名。基地开展一年一度的"市民科普一日游"活动，向镇江市的市民及中小学生开放展馆，并配备兼职讲解员，市民可在活动中了解人体的奥秘，掌握基本健康知识，从而提高促进健康、预防疾病的能力。基地还在校园内开展镇江高等专科学校慢性病管理项目，对教职工的常见慢性病，如对高血压及糖尿病患者进行长效管理，以降低两大慢性病对教职工身体健康的影响，逐步提升校园整体健康水平，提高健康高专的社会影响力。

2. 美国心脏协会（AHA）基础生命支持培训基地

该基地有应急救护实验实训室 6 间、应急救护车 1 辆，以及高级自动电脑心肺复苏模拟人 8 个、高级婴儿心肺复苏模拟人 8 个、成人简易呼吸器 8 个、婴儿简易呼吸器 8 个、除颤监护仪 1 个、AED 训练机 7 个、高仿真标准生理模拟人 1 个、高级多功能气道管理模型 1 个、环状软骨气管切开术训练模型 2 个、闭合式四肢骨折固定训练模型 1 个、移动交互式气管插管模型 2 个、院前急救及创伤护理模拟训练系统 1 套等设备，拥有基础生命支持（BLS）导师 9 名、高级生命支持（ACLS）导师 1 名、国际创伤生命支持（ITLS）导师 2 名，对 2018 级学生开展 FristAid 课程培训 10 场，共培训 294 名学员，所有学员均获得国际认证的 BLS 证书，增强了学生的就业竞争力。

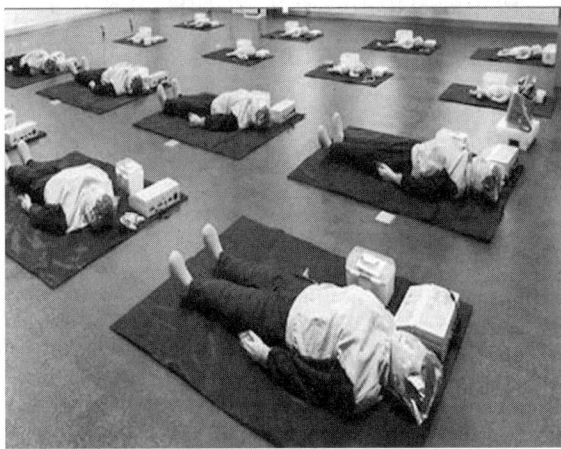

AHA 培训基地

3. 镇江市红十字会急救培训基地

学校有 2 间红十字会应急救护培训教室，配备了心肺复苏模拟人和 AED 训练机、训练用绷带及三角巾、夹板、担架、急救箱等急救培训用品。基地拥有红十字会注册急救师 12 名，每年参与镇江市红十字会急救培训数十场，培训人数达数千人，培训的镇江高等专科学校 977 名学生全部获得红十字会初级救护员证书。基地在 2020 年承办了镇江市红十字应急救护技能大赛，取得圆满成功。基地的建成为提升全镇江市人民应急救护技能水平创造了良好的条件，为市民提供了优质的服务。

4. 青春期健康教育基地

学校与润州区宝塔路街道及江苏科技大学附属中学共同建立青春期健康教育基地。专业老师带领学生定期到各中小学开展青春期健康教育活动，向中小学生宣传艾滋病的防控知识，开设青春期心理健康讲座，针对中小学生的年龄特点，突出青春期身体发育和心理特征，使中小学生获得青春期生理及心理卫生、异性交往、自我认知等方面的知识。中小学生在接受专业的青春期教育后能科学地面对自己在青春期的各种变化，正确对待和顺利度过青春期。基地开展的青春期健康教育系列活动取得了良好的教育效果，获得了中小学师生的广泛好评。

（二）驻点培养优

护理专业"4+2"驻点班，是学校创新人才培养的教学模式，学生在 4 年的中专学习过程中学习护理专业基础知识，其取得护士执业资格证书后，再对其进行为期 2 年的专科护理知识培养，使其能在毕业时就达到专科护士的知识水平。通过这一方式，学校为医院培养出了更加贴近临床需要的护理专业毕业生，优秀毕业生在行业中有着良好的口碑，在就业竞争中具有明显的优势。

（三）人文素质高

护理专业在各大见习医院建立人文素质培养基地，将吕凤子先生"爱无涯"的高尚情操与护理专业"无私关爱"的专业精神无缝对接，全面提升学生的整体人文素养，使学生除了在学校接受各种提升人文素养的教育，还能在医院的见习和实践中体会护理专业文化，从而成长为社会需要的高素质技术技能人才。

重点成果

（一）名师

卢兵，男，镇江市"十佳教师"，1995年7月毕业于苏州医学院临床医学专业，毕业后被分配至镇江卫生学校从事教学工作。历任镇江卫生学校教务处副主任、教务处主任，镇江高等专科学校卫生护理学院副院长、院长。主要从事基础医学课程的教学工作，在省级及以上期刊发表论文十余篇，主持、参与省级课题4项，主持市级课题1项、校级课题3项，主编教材2部、参编教材10余部。

陆红梅，女，副教授，护理专业带头人。1991年7月毕业于南京医学院（现南京医科大学）护理系，获医学学士学位，1991年8月至今从事护理教学工作。主要任教课程有"基础护理学""内科护理学""养老护理员"。2008年8月到山东-巴伐利亚职教师资培训中心参加国家级师资培训，2011年4月前往英国进修学习。2009年8月指导学生参加全国首届护理技能大赛获二、三等奖，2010年3月指导学生参加江苏省护理技能大赛获二、三等奖。2006年主持江苏省卫生厅（现江苏省卫生健康委员会）立项课题"护生心理健康状况调查分析及对策研究"，2006年参与中共镇江市委党校立项课题"以人为本教育模式的发展性教学评价体系研究"，2017年参与江苏大学立项课题"高校医学教师专业化发展路径研究"，2017年主持镇江高等专科学校立项课题"混合式教学在内护教学中的应用研究"。2008年参与南京医科大学护理学院"护理专业办学情况"调研。在相关期刊发表论文9篇。

（二）校院合作

护理专业建设过程中，学校高度重视校院合作，先后挂牌丹徒区人民医院、镇江市润州区黎明社区卫生服务中心为附属医院，与镇江市直7家医院签署合作协议，打造合作平台，积极推进"产教学研用"深度融合，探索高校和社区医院之间互惠互利的可持续发展之路，尽力打造职权明晰、齐抓共管的医教融合新局面，进一步推动职业教育体系与医疗体系有机融合，形成校院分工合作、协调发展的长效治理新格局，为"健康镇江"建设提供有力的支持保障，更好地提升镇江市卫生服务的水平。

医教融合签约仪式

杰出校友

高燕 女，副主任护师，1995年毕业于镇江高等专科学校卫生护理学院（原镇江卫生学校）。曾任镇江市第一人民医院神经外科副护士长、大外科护士长及护理部副主任，现任镇江市第一人民医院护理部主任。作为江苏省第一届危重症护理专科护士，先后兼任江苏省护理学会普外科护理专业委员会主任委员、镇江市护理学会危重症护理专业委员会主任委员及镇江市护理质量控制中

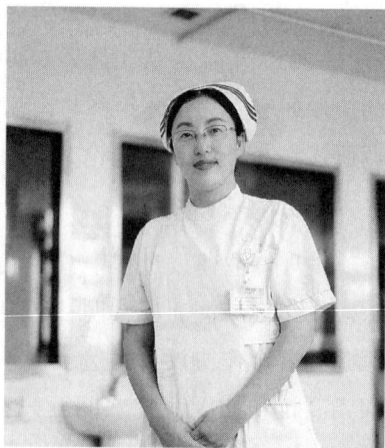

高 燕

心副主任；先后被授予"江苏省优秀医院管理者""江苏省优秀护理管理者""江苏省五一巾帼建功标兵"及"镇江市医政工作先进个人"等荣誉称号。

黄艳 女，1976 年 11 月出生，江苏盐城人。1997 年 7 月毕业于镇江高等专科学校卫生护理学院（原镇江卫生学校）。2007 年考入南京中医药大学攻读硕士学位。2010 年就职于江苏省第二中医院，2011 年考入南京中医药大学攻读博士学位。主持省部级和校级课题 2 项，获得北京大学研究生暑期学校"优秀学员"称号。2014 年在上海中医药大学从事博士后研究，出站后留针灸经络研究所工作，主持国家级课题 1 项、省部级课题 2 项，参与国家"973 计划"项目等。发表学术论文 26 篇，其中 5 篇被 SCI 收录；参与编写《灸法学》《针灸治疗学案例导读》2 本著作；获得实用新型专利授权 1 项，申请发明专利 1 项。现为 *Acupuncture in Medicine* 杂志的审稿人，中国针灸学会会员、上海市针灸学会会员、中华中医药学会免疫学分会青年委员。

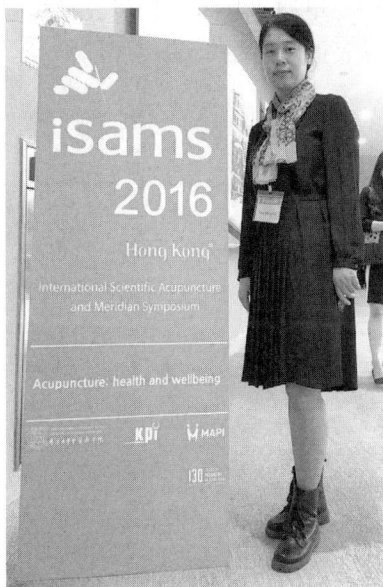

黄艳

刘菲 女，1982 年 1 月出生，江苏镇江人，镇江卫生学校护理专业 2001 年优秀毕业生。现为江苏省手术室护理专业委员会委员、镇江市手术室护理专业委员会委员、江苏省手术室专科护士、镇江市第一人民医院手术室护士长、镇江市第一人民医院护理专业委员会委员。2012 年在台湾弘光科技大学进修护理专业；2014 年代表医院参加全国手术室护

刘菲

理质量改进大赛，获得全国手术室质量改进金奖；2017 年获得江苏省《手术室护理实践指南》解读大赛二等奖，苏南赛区一等奖。主办市级护理继续教育手术室专业学习班 2 次；带领的镇江市第一人民医院手术室获得镇江市"巾帼文明岗"称号。截至目前，获得个人专利 2 项，在省级以上期刊发表护理论文 5 篇。

助产专业文化

专业背景

助产最早是指"陪伴妇女"度过分娩过程,表现为以妇女为中心的简单看护和安慰。随着人类社会的进步和发展,助产士逐渐成了一门职业。在当代,助产士是受到国际社会认可和尊重的职业。同时,助产士也扮演着教育者、管理者和研究者的角色。助产士的职业领域已远远超出怀孕和分娩这一阶段,扩展到全生命周期,涵盖青少年生殖健康、计划生育、围绝经期保健,以及为新生儿和社区居民提供基本保健服务。

(一)国外助产专业的发展历程

1. 助产发展的早期特点:阶层问题

早期的助产知识和技术通过学徒制代代相传。希腊人和罗马人率先为助产士建立从业资格制度,他们规定所有助产士必须有自己分娩过的经验。公元前5世纪,希波克拉底在他的文章中描述了正常分娩的过程,被认为是第一个组织并开展助产士教育的人。

2. 助产发展的中期特点:技术发展

随着科学技术的发展,助产专业也在不断进步:17世纪中叶发明了产钳,到19世纪,产科麻醉得到了发展,尤其是开始使用氯仿,并对胎盘功能有了进一步的了解,最为重要的是,成功征服了产褥热(产褥感染)。这些事件是助产士角色发展的重要标志,而且医学院校的课程里开始融入助产学的知识和技术。

3. 助产发展的现代特点:专业化

助产士于17世纪开始成为一种职业,当时欧洲国家如英国、法国和瑞典都开始承认传统的接生人员需要接受专业的教育、技术的培训和有效的监督,以保障母婴安全。助产士学校在欧洲全面兴起,并扩展到发展中国家,尽管在许多国家,助产专业在理论和实践上都与医疗和护理密切相关,但其正逐渐发展成为独立于其他专业的自主专业。

国际助产士联盟(ICM)提出:助产士是指接受并完成其所在国家认可的、符合国际助产联盟提出的基本助产核心能力框架和全球标准的助产士教育,获得必需的资格(如注册和具有法律效力的证书),从事助产士工作并具有助产士头衔,能在助产实践过程中展现自己能力的人。助产士是负有责任的专业人员，在孕期、产时和产后与妇女进行合作，提供必需的支持、保健服务和建议，为新生儿和婴儿提供保健服务。助产士的职责范围还包括产前教育和父母角色准备指导，并且延伸到妇女健康、性健康或生殖健康及儿童保健。助产士的工作场所包括家庭、社区、医院、诊所、学校和其他卫生单位。助产专业和助产士的角色功能仍在不断地拓展中。

（二）我国助产专业的发展历程

我国传统的助产士被称为接生婆、产婆、稳婆，现代助产专业起源于20世纪初。1908年7月，中国第一位留美女医生金雅梅创办了天津北洋女医学堂，其设立助产班，标志着中国现代助产行业的开始。1929年，杨崇瑞作为中国妇幼卫生事业的开创者，创办了北平第一助产学校。1943年，中央政府颁布了《助产士法》，明确规定了助产士的职责、权利和义务。

我国助产专业的发展历程分为以下4个时期：

1. 起源时期（1928—1949年）

南京国民政府时期，我国婴幼儿死亡率远远高于发达国家的水平，且当时普遍存在"保种强国"思潮，全国对助产士专业较为关注。该时期助产士的立法经历了从《助产士条例》升级到《助产士法》的过程。

虽然这一时期我国的现代助产专业刚刚起步，但是助产教育是独立的教育模式，并且多以高等教育为主；助产行业规范、完整、清晰，对于助产士考试的要求、助产士执业资格证的获得、助产士身份的登记，以及助产行为的法律法规都比较完备，这标志着我国助产行业有了一个良好的开端。

2. 发展时期（1949—1979年）

中华人民共和国成立初期，我国助产专业得到了国家和政府的重视，从人员数量和教育培训到助产专业的法律法规的颁布，各个方面都得到了极大的发展。

在医疗卫生方面，1951年《医士、药剂士、助产士、护士、牙科技士暂行条例》颁布，确定了"助产士业务范围仅限于处理正常产"，明确将助产士与医士区分，助产士具有独立助产资格。

3. 角色定位不清时期（1979—2008年）

1979—1985年，助产士被归为医疗防疫人员。卫生部（现国家卫生健康委员会）颁布的《卫生技术人员职称及晋升条例（试行）》没有明确规定助产士的晋升途径，由于过去助产和护理的工作分不开，助产士可根据本人实际情况，以助产或妇幼保健工作为主的可晋升医师，以从事护理工作为主的可晋升护师。该条例的出台导致助产士的身份尴尬，使得助产士晋升受到很大的阻力，不利于个人发展，同时也限制了助产行业本身的发展。

1985—2008年，助产士的职责为在助产士长的领导和医师的指导下负责正常产妇接产工作，协助医师进行难产孕妇的接产工作，做好接产准备，注意产程进展和变化，了解分娩前后的情况，严格执行无菌技术操作规范，注意保护会阴及母婴安全，做好计划生育、围产期保健和母婴卫生的宣教，并进行技术指导，做好孕期检测和产后随访。这些更明确地说明了助产士的工作范围，不再仅仅局限于分娩期接产，这有利于实现为孕产妇提供人性化服务，但是助产士也不再具有独立进行医疗行为的身份，失去了专业自主权。

4. 从属护理时期（2008年至今）

2008年，中华人民共和国国务院发布的《护士条例》中明确提出：具有完全民事行为能力；在中等职业学校、高等学校完成国务院教育主管部门和国务院卫生主管部门规定的普通全日制3年以上的护理、助产专业课程学习，包括在教学、综合医院完成8个月以上护理临床实习，并取得相应学历证书；通过国务院卫生主管部门组织的护士执业资格考试；符合国务院卫生主管部门规定的健康标准者可以申请护士执业注册。这就意味着助产专业成为护理专业的一部分。而在现代护理教育中，助产专业附属于护理专业，并且仍注重培养以中专、大专学历为主的助产人员，助产专业的学生毕业后为了获得在医院工作的机会，必须先通过护士执业资格考试，因此助产学的专业课程设置必然会倾向于护理的内容，比如2004年国家在高职高专护理教育中将助产专业的培养目标定为"培养掌握护理学及妇幼保健的基本理论和助产专业技能，从事临床助产和母婴保健工作的高级技术应用型专门人才"。但是此时期并没有关于助产士职责范围、教育标准等方面的政策，助产士没有准入标准、职业描述、发展路径，未能体现助产专业的专业特点和专业理念，导致助产技能下降、助产人员不足。

2014年，国家卫生和计划生育委员会（现国家卫生健康委员会）在

8 所重点院校开展助产士大学本科招生工作，委托中国妇幼保健协会组织专家制定了"助产士规范化培训基地标准"，并对 8 所教学院校进行了评估认定。2015 年 5 月 5—6 日，中国妇幼保健协会和联合国人口基金会共同在杭州举办了"2015 中国助产士专业建设及发展国际论坛"，与国内外专家学者和广大助产士共同研讨中国助产专业发展的大问题。至此，助产专业开始全方位、多层次的正规培训，助产专业的学科发展提到议事日程上。

（三）我国助产士角色的发展

1. 助产士的工作内容和范畴

助产士的技术水平和操作能力关系着母婴的安危，其工作性质决定了助产士需要集助产、产科和护理技术于一身。19 世纪，助产士的工作范畴得到了扩展，涉及正常产程、分娩的观察处理，以及新生儿照顾和难产孕妇护理。20 世纪末，随着人们对优生优育的倡导和需求，产科工作已逐步向科学化与现代化方向发展。在广度上，助产工作的内容和范畴从医院延伸至家庭、社区；在深度上，助产工作开始走向专业化，其知识、技术向更加先进、复杂、高级化发展，助产士职责扩大至产前和产后护理、计划生育、父母教育、妇女保健。

1992 年，国际助产士联盟（ICM）规定助产士的工作范畴包括为妇女提供妊娠、分娩期间及产后所需的照顾，并且独立地执行接产工作，照顾初生婴儿及幼儿。此类护理包括采用各种方法观察孕产妇及婴儿的异常情况、取得医疗协助，以及在缺乏医疗协助的情况下应对紧急问题。

2. 助产士的职能角色

随着现代医学模式的改变，助产士从以往单一的角色向多重角色转变。

（1）执行者：正确评估孕产妇在生理、心理和社会文化等方面潜在的或现存的问题及影响因素。及时准确地执行医嘱，熟练地进行操作，配合医生进行各种并发症的治疗。

（2）支持者：孕产妇的心理因素对整个围产期都有重要的影响。助产士应充分重视孕产妇的心理需求，为孕产妇及其家属提供有针对性的信息、知识和方法，同时通过不断提供心理和情感支持可以有效地缓解孕产妇的心理压力，帮助孕产妇顺利度过整个围产期。

（3）合作者：助产士主要负责正常产妇接产，协助产科医师处理难产并负责计划生育、围产期保健和母婴卫生的宣教及技术指导。助产士是所照顾的孕产妇及其家属、医师、实验室人员、特殊临床资源供应人员和管理人员等的合作者。

（4）教育者（咨询者）：助产士的健康教育职能早已不再局限于分娩期，而是扩展至围产期。同时，健康教育的对象也不仅仅是孕产妇，而是整个家庭。

（四）我国现代助产专业的现状

我国存在围产护理人力资源短缺、内部结构不合理、人口分布不平衡等问题。2012 年，城市地区的剖宫产率为 41%，远高于农村地区的 29%，助产士的匮乏已成为剖宫产率居高不下的关键原因之一。助产专业人才奇缺，医护比例、床护比例、每千人助产士比例都大大低于国际最低标准，人才需求旺盛，特别是高层次助产专业人才更为稀缺。孕产妇、婴儿及新生儿死亡率是衡量妇幼保健工作成效的重要指标，反映了一个国家和地区的社会经济、文化教育、生活环境及医疗技术水平等情况，因此，助产事业的发展与民族和国家的兴旺发达息息相关，保障母婴健康是社会共同的责任。

专业精神

1. 陪伴之美

助产士在护理工作中的陪伴之美，主要体现在对工作的严谨负责，对孕产妇的细心照顾，给予他们关怀、鼓励和安慰，从而使孕产妇增强信心。她们除完成大量常规护理工作，还为孕产妇排解心理障碍，宣讲健康知识，以周到的护理、耐心的讲解，带给孕产妇贴心的安慰，用亲切的语言、优雅的举止增强孕产妇的信心。

2. 温情关爱

助产士的工作围绕母婴开展，其应充分利用生育知识、专业医疗知识，协助孕产妇利用自己分娩的本能来完成自然分娩，或者协助孕产妇觉知分娩，提前对自己的分娩方式及情景做充分的了解。

代表人物

杨崇瑞 妇产科医师，医学教育家，中国近代妇幼卫生事业创始人，中国助产教育的开拓者。

1891 年，杨崇瑞出生于北京通州的一个中农家庭，1917 年毕业于协和医学院并获得医学博士学位。

1922 年，她在协和医院妇产科工作，曾亲自到农村调查了解妇幼卫生状况。为了降低我国孕产妇和婴儿死亡率，杨崇瑞致力于预防产褥感染和新生儿破伤风工作。她利用临床工作之暇，在北京灯市口慈善工厂专为孕妇及其他女工进行产前检查和疾病治疗，并在朝阳门外设立孕妇检查所，专门从事孕期检查及妇科治疗工作。

1925 年，她被选送到美国约翰斯·霍普金斯大学进修妇产科，被国际妇产科权威专家威廉教授视为最好的两名学生之一。然而，想到国内农村妇幼卫生工作的状况，杨崇瑞回国后毅然离开从事了 10 年并卓有成绩的妇产科临床工作，转入当时不为一般人重视的群体保健事业。1929 年，她多方呼吁，排除困难，筹建了北平第一助产学校和附属产院，1933 年又创办了南京中央助产学校，并任校长。她治学严谨，把"牺牲精神，造福人类"定为学校的"校训"，作为学生的奋斗目标。此后，她在全国相继建起了 60 余所助产学校，培养了大批妇幼卫生人才。尤其值得一提的是，早在 20 世纪 30 年代初，她就以一个医学家的远见卓识预见到了人口问题的严重性，提出"限制人口数量，提高人口质量"的主张，并创办了"节育指导所"，堪称我国倡导计划生育的先驱。1937 年抗日战争全面爆发，正在日内瓦工作的杨崇瑞毅然回国，参加中国红十字会医疗队，投身于抗战救护工作。

1948 年，杨崇瑞被国际卫生组织聘为联合国妇幼卫生组副组长。次年，她在欧洲各国参观时，听到中华人民共和国成立的消息，顿时欣喜若狂。为了实现自己报效祖国的愿望，她毅然谢绝朋友们的挽留，放弃了联合国的高薪和要职，辗转返回祖国。回国后，她被任命为中华人民共和国卫生部妇幼卫生局第一任局长。

杨崇瑞热爱祖国、热爱人民、热爱她终生为之奋斗的妇幼卫生事业。她身居要职，却过着粗茶淡饭、俭朴的生活，还把积攒下来的钱用于助产教育和地方妇幼卫生事业。杨崇瑞曾说："我和妇幼卫生事业结了婚，全中国的儿童都是我的孩子。"1983年，杨崇瑞逝世后，亲属根据她的遗嘱，把她积攒的6.9万元人民币和书籍、杂志全部捐赠给了国家。

林巧稚　我国首届中国科学院唯一的女学部委员（院士），中国现代妇产科的奠基人。她一生中有约50年的时光都是在医院的产房中度过的，虽然一生没有结婚，但是接生了5万多个婴儿，被尊称为"万婴之母""生命天使""中国医学圣母"。

1901年12月23日，林巧稚出生在福建省思明县鼓浪屿的一个教员家庭。因为出生于知识分子家庭，所以她从小就接受了良好的教育，18岁那年毕业于厦门女子师范学院并留校任教。1921年，北京协和医科大学（今北京协和医学院）落成，面向全国招生。林巧稚闻讯，毅然放弃了父母为她设定的"教育人生"，北上投考，并被破格录取。林巧稚凭借优异的成绩毕业后，协和医院的每一个科室都向林巧稚抛出了橄榄枝。可她偏偏选择了当时尚在起步阶段，且看上去没有什么发展前景的妇产科。在那时，人们还大多依靠产婆来接生，产妇的死亡率达到了1.5%，新生儿的死亡率更是高达16%。林巧稚于心不忍，决心做个妇产科医生。

林巧稚每天绝大部分时间都在产房中，面对各种各样病情的妇女，她都能平心静气地帮忙。她曾说："我能在产房过生日，很有意义，当小宝宝在那天出生时，那哇哇的啼哭声，就是动听的生命赞歌，是我最好不过的生日礼物了！"

1956年6月，北京妇产医院建成，林巧稚担任第一任院长。1959年，林巧稚当选首届中国科学院唯一的女学部委员（院士），并被任命为中国医学科学院副院长。据不完全统计，林巧稚先后接生了5万多个婴儿，许多老百姓为了感激林巧稚，给孩子起名为"念林""静林""爱林"等。

林巧稚逝世后，厦门鼓浪屿于1984年5月建造了名为"毓园"的林巧稚纪念馆，其中，"毓"为培育、养育之意，是对其一生培养和造就了大批医学人才、亲自接生了5万多个婴儿的纪念。2009年9月14日，她被评为100位中华人民共和国成立以来感动中国人物之一。

回顾林巧稚的一生，她曾为追求自己的医学理想而坚定求学，曾坚守在妇产科的岗位数十年，曾用她的双手迎接上万个新生命的到来，将自己的一生奉献给了医学事业。

专业沿革

（一）我国助产专业沿革

据统计，我国助产士与生育年龄妇女的比例约为 1：4000，这与发达国家的 1：1000 差距悬殊。同时，我国每年助产专业毕业生不足 5000 人，在现有的助产队伍日渐老龄化的情况下，更新换代的动力更显不足。长久以来，我国助产专业办学仍附属于护理教育，只能选择护理专业的课程进行学习；助产士的行业准入及职称评定按照对护理人员的规定执行；助产服务仍以产科医生为主导，助产士的服务范围只限于产妇的分娩阶段，对妊娠期及产后阶段的相关支持仍然不足，其工作场所常限于医院产房。国内助产士大多数只接受过中专层次的专业教育，或由护理人员转行而来，医院助产专业人才配备不足，学历、年龄和职称结构不能满足现代社会对助产护理人才的需求。因此，开展助产专业教育有利于满足社会对这类专业人才的迫切需求，助产专业有着良好的发展前景。

（二）镇江高等专科学校助产专业沿革

镇江高等专科学校助产专业的办学源头是镇江卫生学校，镇江卫生学校是经江苏省教育厅、卫生厅（现江苏省卫生健康委员会）批准成立的公办中等专业学校，办学历史悠久。1992 年镇江职业大学、镇江教育学院、镇江广播电视大学合并组建镇江高等专科学校。2013 年 7 月，镇江卫生学校整建制并入镇江高等专科学校。学校形成了以护理专业为主干，长短结合、大中专兼顾、学历教育与医学培训互补的专业建设群和人才培养模式。助产专业迎来了一批骨干师资力量，为护理类新兴专业的创建奠定了坚实的基础。

2017 年，助产专业设立，当年即招收高中毕业的三年制高职大专学生，是江苏省较早开设的助产专业之一，也是最早设立"温情关爱 温柔助娩"助产新理念的全国高职院校助产专业之一。

助产专业紧密结合职业教育特点，以适应助产工作发展趋势、满足区域性社会需求为目标，加快课程设置与教学内容的改革，建设以目标任务为导向的课程体系框架，加强妇科学及母婴保健、护理伦理学、护理心理学、护理美学等教学工作，突出助产专业特点。

学校发挥行业优势，拓展教学空间，先后于江苏省范围内的多家三级以上医院建立了实习基地，同时聘请了多名在医疗卫生机构经验丰富的助产人员参加临床指导工作，努力提高学生的临床实践技能。

助产专业毕业生主要到妇产科专业医院、综合性医院妇产科、妇幼保健院、社区卫生服务中心、月子护理中心、计划生育机构等医疗卫生单位从事临床助产及母婴保健工作，课程体系的设置符合学生对工作岗位的需求。

专业特色

（一）基地建设

为确保实验教学和科研顺利进行，提高学生实践能力和职业技能，根据学生需求，校内建成健康素养教育基地、美国心脏协会（AHA）基础生命支持培训基地、镇江市红十字会急救培训基地、青春期健康教育基地。学生可以在基地接受培训，获得相关的资格证书，增强就业竞争力。学校与江苏科技大学附属中学共建大学生社会实践基地，定期为中学生进行青春期教育、急救知识普及，提高了学生的专业实践技能。

实践基地

（二）课程建设

坚持"工学结合"高职教育理念，围绕专业建设加强研究，建立以助产、护理和妇幼保健岗位职业能力为核心的课程体系，课程教学融入执业资格考试内容及要求。由行业专家引领课程建设，以工作任务为载体进行学习情境设计，实现"教学做"一体化教学。助产专业的全部课程都建设为在线课程，加强信息化教学设计。注重职业核心能力的培养，重视所学知识、技能与后续课程或职业岗位的联系，开展"妇幼保健学"课程的改革，培养学生的批判性思维和创造思维的能力，提高学生团队合作和人际交往、文献检索和健康科普的能力。随着助产专业的不断发展、助产理念的转变、助产知识的不断更新，助产专业设置"分娩适宜技术""母乳喂养的女性艺术""催眠分娩技术"等专业拓展课程。

（三）社团建设

为进一步深化素质教育，挖掘学生潜能，培养大学生的兴趣爱好，按照"学校办学有特色，学科教学有特点，学生发展有特长"的原则，卫生护理学院积极创办各种学生社团组织，为学生的综合素质发展搭建成长平台。与专业相关的社团有南丁格尔社团、"小蜜蜂"卫教社团、急救社团等8个社团。助产专业老师担任社团指导老师，开展丰富多彩的社团活动。

社团活动

走进社区、敬老院开展"吃出健康，活出精彩""慧吃慧动，健康体重""情系夕阳，以爱暖巢"等活动；走进中小学开展"善解童贞""人之初，性本善"等性教育活动；结合"5.5国际助产士日""5.12国际护士节""母亲节""世界母乳喂养周"等开展活动，给专业文化带来了新的生机和活力，促进专业文化多渠道、深层次、高质量发展。社团以兴趣为纽带，立足学生发展，拓展知识的同时增进沟通交流，提升专业素养和核心能力。

（四）人文素质

助产专业在各大见习医院建立人文素质培养基地，使助产专业学生除了能在学校接受各种提高人文素质的教育，还能在医院的见习和实践中体会助产专业文化。

重点成果

（一）名师

徐玲娣，助产专业带头人，1972年11月出生，主任护师、高级育婴师，具有27年临床产科工作经验，主要从事助产及管理工作，擅长教学、妇产科护理及产程观察、一对一导乐陪伴分娩、物理镇痛及助产、难产孕妇的接产与接产带教、助产士专科门诊工作、母乳喂养指导，妇产科、婴幼儿及其危重症的护理等相关内容，具有丰富的妇产科特别是助产及育婴的临床工作及教学经验。担任的社会职务有中国妇幼保健协会助产士分会导乐专业培训学组委员；江苏省护理学会妇产科护理专业委员会助产学组副组长；镇江市中西医结合学会副主任委员；镇江市家政服务培训人才专家库成员；江苏省母婴护理专科护士（助产方向）培训导师。承担镇江市人力资源和社会保障局职业技能鉴定指导中心举办的养老护理员及育婴师的教学工作，参与育婴、养老的考评及江苏省、镇江市等各种大赛的评委等工作；指导镇江市人力资源和社会保障局选送人员参加"江苏省家政服务大赛（育婴组）"，多次取得优异成绩。近年来，先后参与并完成镇江市科学技术局组织的母婴护理方向的课题研究2项；撰写的刊登于核心期刊及省级期刊的专业论文近10篇；申请专利3项。1992年至今多次参加各种学习与交流会，及时了解妇产科及助产的发展方向、新技术、新项目等，以及行业对助产专业人才的实际需求情况，与专业有关领导、专家共同研究助产专业人才培养的具体方案等。

张艳，江苏省 2018 年度十大魅力教师，在教学中创新性地引入以蓝墨云班课 App 工具为核心应用的智能云教学方法，在课堂教学中大胆改革，倡导应用智能手机开展轻松、有趣的互动教学，增强学生的参与感和互动性，达到了良好的教学效果，顺应了智能云教学时代的新型教学改革的趋势，得到了学生们的欢迎与支持。在云教学道路上，张艳勇于探索和创新，时刻总结反思，先后获得全国第一届"蓝墨云班课杯"信息化课堂教学改革案例征集大赛月度最佳案例奖项、2017 年度全国"云教学理论与实践论文征集比赛"三等奖、2017 年度镇江高等专科学校第十届"课堂教学质量月"信息化教学大赛教学设计比赛二等奖，并完成校级课题"基于云教学的行动教学法在高职生理学教学中的应用"。

（二）名课

在助产专业建设过程中，"生理学""解剖学"等课程逐渐成为优质课程，并开发了在线课程，在省、市级教学大赛中获奖。同时，助产专业依靠合作医院开发了重点教材，如《生理学》《儿科护理》《生物化学》《正常人体结构》《用药基础》《护理人际沟通》《护理学基础》《妇产科护理》等。

杰出校友

刘晓霞　女，1978 年 3 月出生，江苏镇江人。1997 年从镇江高等专科学校卫生护理学院（原镇江卫生学校）毕业后被分配到镇江市第一人民医院工作，2003 年 5 月在急诊科担任副护士长，2006 年 5 月起在镇江市第一人民医院普外科担任护士长，2015 年当选为镇江市临床营养专业委员会副主任委员，2016 年当选为江苏省普外科专业委员会委员兼秘书。2012 年取得江苏省营养专科护士证书，撰写的多篇论文发表在核心期刊上。先后荣获镇江市卫生局（现镇江市卫生健康委员会）CPR 比赛一等奖、三等功表彰

刘晓霞

1 次；2013 年被评为镇江市优秀党员；2012 年获得江苏省卫生系统"巾帼建功标兵"称号；多次被评为医院优秀护士长。

周长兰　女，1978 年 10 月出生，江苏句容人。1997 年从镇江高等专科学校卫生护理学院（原镇江卫生学校）毕业后被分配至镇江市第三人民医院从事临床护理工作，敬业勤勉、认真负责，2002 年成为副护士长。2003 年"非典"期间，表现突出，成为一名光荣的中国共产党党员。多次在院内外护理技术竞赛中获奖，2005年获镇江市"护理技能明星"称号；2007 年带领团队参加镇江市护士岗位技能竞赛，取得团队第一名、个人二等奖，代表镇江市参加江苏省护

周长兰

士岗位技能竞赛并获得佳绩；2008 年与团队一起荣获"江苏省护士岗位技能竞赛先进集体"称号，个人被授予"江苏省护士岗位技能先进个人"、镇江市"五一技术标兵"称号；2010 年获"江苏省卫生系统青年岗位能手"称号。2010 年 12 月成为医院护理部副主任；2017 年任医院疾控科科长兼护理部副主任；2018 年 3 月至今在镇江市卫生健康委员会医政医管处挂职处长助理，协助负责镇江市护理和院感管理工作。

张君芳　女，1979 年 2 月出生，江苏丹阳人，1997 年毕业于镇江高等专科学校卫生护理学院（原镇江卫生学校）。毕业后在镇江市第一人民医院从事护理工作，擅长临床营养支持和护理管理工作，在院内积极运用品管圈、PDCA 等质量管理工具开展管理工作，提高临床护理质量。自 2008 年 6 月起担任护士长，现任镇江市第一人民医院产科 VIP 病区护士长；江苏省普外护理专业委员会临床营养支持学组副组长、镇江市护理学会临床营养支持专业委员会副主任委员。2009 年取得南京医科大学本科学历。2010 年

张君芳

1 月—2011 年 1 月赴台北长庚医院、台湾花莲慈济医院研习；2014 年取得江苏省公共营养师三级证书；2016 年通过江苏省护理学会答辩，成为江苏省

临床营养支持专科护士；2016年参与研发的"癌痛评估卡"获国家实用新型专利证书。在《中华护理杂志》等科技核心期刊发表论文共5篇。2016年获镇江市第一人民医院优秀专科护士称号；2017年获镇江市卫生和计划生育委员会（现镇江市卫生健康委员会）微型党课比赛优秀奖；多次获镇江市第一人民医院优秀护士长称号；获院级、局级优秀共产党员、优秀带教老师等称号。

参考文献

[1] 郝卫国. 环境艺术设计概论 [M]. 北京：中国建筑工业出版社，2006.

[2] 辞海编辑委员会. 辞海 [M]. 上海：上海辞书出版社，1999.

[3] 董赤. 新时期30年室内设计艺术历程研究 [D]. 长春：东北师范大学，2010.

[4] 孙宁. 我国高校艺术设计教育现状及发展模式研究 [D]. 长春：长春师范学院，2011.

[5] 中共江苏省委江苏省人民政府. 关于深入推进美丽江苏建设的意见 [N]. 新华日报，2020-08-13.

[6] 严行方. 会计简史：从结绳记事到信息化 [M]. 上海：上海财经大学出版社，2017.

[7] 郭道扬. 回首千年话沧桑：公元11—20世纪会计发展述评 [J]. 会计研究，2000（1）：3-9.

[8] 许家林. 20世纪西方会计思想演进研究初纲——《西方会计名家传略》的编纂构思 [J]. 会计之友，2012（11）：120-123.

[9] 王芳. 会计史就是一部人类文明发展史——读《会计简史》[N]. 上海证券报，2018-03-03.

[10] 梁毅炜. 会计文化发展简史 [J]. 北京财贸职业学院学报，2013，29（1）：55-59.

[11] 潘霞芳. 企业财务会计向管理会计转型研究 [J]. 财经界，2020（30）：197-198.

[12] 杨育杰. 诚信为本、操守为重、遵循准则、不做假账 [J]. 经济技术协作信息，2005（24）：17.

［13］陈晴光. 电子商务基础与应用［M］. 北京：清华大学出版社，2010.

［14］赵良辉，肖健华. 电子商务专业文化的倡导与建设［J］. 电子商务，2013（5）：65，71.

［15］赵守香，张尧辰，熊海涛. 电子商务专业导论［M］. 北京：清华大学出版社，2013.